लम्बी कविताएँ : वैचारिक सरोकार

लम्बी कविताएँ : वैचारिक सरोकार

डॉ. बलदेव वंशी

वाणी प्रकाशन

वाणी प्रकाशन
ज्ञान के विविध आयामों के प्रकाशक

वाणी प्रकाशन का 'लोगो' विख्यात चित्रकार मक़बूल फ़िदा हुसेन की कूची से

वाणी प्रकाशन, 4695, 21-ए, दरियागंज, नयी दिल्ली-110002
वाणी प्रकाशन, अशोक राजपथ (पटना कॉलेज के सामने), पटना (बिहार)

LAMBI KAVITAYEN : VAICHARIK SAROKAR
by Dr. Baldev Vanshi
Criticism

ISBN : 978-81-8143-970-3

प्रथम संस्करण

मूल्य : 200.00

वाणी प्रकाशन

फोन : 0091#11#23273167, 23275710

फैक्स : 0091#11#23275710

वेबसाइट : www.vaniprakashan.in

ई-मेल : vaniprakashan@gmail.com
vani_prakashan@yahoo.com

आर.टेक ऑफसेट प्रिंटर्स द्वारा दिल्ली-110095 में मुद्रित

आदरणीय माता जी को

अनुक्रम

लम्बी कविता : समकालीन जीवन-बोध की प्रदीर्घ-परिणति

आधुनिक जीवन-बोध के अतिशय दबाव में हुए अनिवार्य वृहत्तर परिवर्तनों के कारण लम्बी कविता का उदय हुआ है। प्रबन्ध काव्य के विकल्प रूप में उभरी यह स्वतन्त्र विधा है, परन्तु इसमें प्रबन्ध की अपेक्षाओं का समूचा नकार नहीं। यह सामाजिक-कलात्मक सरोकारों का निर्वाह करती हुई जीवन के किसी विशेष पक्ष को उसकी समग्रता एवं जीवन-दृष्टि की संहति में उठाती है। लम्बी कविता तब अपने समय तक ही सीमित न रहकर, अपने समय से आगे—भविष्य में भी अपना दखल सिद्ध करती है। इस स्तर पर लम्बी कविता एक बड़ी कविता होती है। अपने समय के स्वरूप को गढ़ने के साथ ही वह अपने समय से आगे—भविष्य में कितना और कैसा दखल साबित करती है यह देखना भी जरूरी है। अपनी विचार-दृष्टि तथा संवेदनात्मक उपलब्धि के बल पर वह इस दखल को सिद्ध करती है।

समकालीन कविता के परिप्रेक्ष्य में, लम्बी कविता प्रत्येक कवि के लिए, एक सार्थक और कारगर चुनौती भी बन गई है; क्योंकि इसके माध्यम से कवि न केवल अपने समय और देशकाल में अपना हस्तक्षेप एवं सरोकार सिद्ध करता है, प्रत्युत अपनी सर्जनात्मक-कलात्मक क्षमताएँ भी सिद्ध करता है। किन्तु लम्बी कविता की चुनौती से रचनात्मक धरातल पर निपटने, उसके आन्तरिक अनुशासन को झेलने, उसकी प्रकृति में उतरने के बजाय कुछ अत्यधिक उत्साही महत्वाकांक्षी छोटे-छोटे काव्य-खंडों को एक साथ जोड़कर, अनेक दृश्यों-स्थितियों को मिलाकर लम्बी कविता देने की अपनी साध पूरी कर लेना चाहते हैं। वह भूल जाते हैं या समझ नहीं पाते कि मात्र आकारगत लम्बाई ग्रहण कर लेने से ही कोई कविता 'लम्बी कविता' नहीं मानी जा सकती। तथ्यों-विवरणों का घाल-मेल, घटनाओं-दुर्घटनाओं का काल्पनिक अनानुभूत वर्णन कर देने से कविता उनके तईं लम्बी हो गई, बस!

जबकि लम्बी कविता अपनी प्रकृति, रूप और चरित्रगत विशिष्टता में संयत, बहुआयामी, व्यापक दृश्यफलक लिए हुए, प्रदीर्घ ऐसी रचना है, जो विचारदृष्टि एवं संवेदनात्मक धरातल पर परिवेश से वृहत्तर सरोकार रखती है। गुम्फित यथार्थ के गतिशील रूपों को, वैचारिक अनुभूति की संश्लिष्ट बनावटों को, उनकी उत्कटता में पकड़ने की छटपटाहट है।

समकालीन बोध एवं यथार्थ के प्रति अतिरिक्त आग्रह, समाजैतिहासिक स्थितियों की गहरी समझ की उजास में लम्बी कविता सम्भव हुई है। लगभग ऐसी ही परिवर्तनकारी सामाजिक स्थितियों के अधीन (जिनमें इंगलैंड की औद्योगिक तथा कृषि-क्रान्तियाँ मुख्य हैं) विख्यात कवि विलियम वर्ड्स्वर्थ के युग में लम्बी कविता अँग्रेजी साहित्य में प्रभावी रूप में अस्तित्व में आई।[1] भारत में आधुनिकता की प्रक्रिया के साथ स्वार्थबद्ध, जनविरोधी-राजनीतिक प्रदीर्घ नीतियों-कार्यवाहियों के कारण जीवन के सभी क्षेत्रों में अनैतिक, भ्रष्ट, अमानवीय एवं हिंसक वर्गीय बर्तावों को बढ़ावा मिला है। ज़बरन नीचे गिरते और मरते हर स्तर पर लड़ते-ढेर होते व्यक्ति की निराशा, कुंठा, हताशा के बड़े और लम्बे मानवीय संघर्ष के साथ जोड़ कर हिन्दी की लम्बी कविता के स्वरूप-विकास को देखना होगा। इन्हें खारिज कर देने या ओझल कर देने से लम्बी यातना-कथाओं, परस्पर अनुस्यूत जीवंत सन्दर्भों को नहीं पहचाना जा सकता? रचनागत दबावों, तनाव के द्वन्द्वात्मक वैचारिक सरोकारों को नहीं समझा जा सकता, जो इन कविताओं की लम्बाई, व्यापकता और अपने दखल की विशिष्टता को चरितार्थ कर रहे हैं।

लम्बी कविता के मूल्यांकन-विश्लेषण में उसके अपने विशिष्ट संरचनात्मक गुणों—अन्विति, नाटकीयता, विचार-बिम्ब आदि की केन्द्रीयता, अन्तहीन अन्त, सर्जनात्मक तनाव और विधायक-आधार आदि को तो दृष्टिगत रखा ही गया है; इसके साथ समकालीन कविता में अपनी प्रभावी-मुख्य भूमिका निभाने वाले काव्य-विचार को तथा इसके विशिष्ट पक्षों को भी आधार बनाया गया है। लम्बी कविताओं के मूल्यांकन में 'वैचारिक सरोकार' का अपना विविध, मूलगामी एवं व्यापक सन्दर्भ है। इसे हमने पृथक से अपने अध्ययन के अन्तर्गत विस्तार से प्रस्तुत किया है।[2] समकालीन कविता के सन्दर्भ में विचार के कुछ पक्षों को एक अन्य पुस्तक में भी देखा जा सकता है।[3] यहाँ काव्य-विचार के पक्षों को और लम्बी कविताओं में इसके दखल के आयामों को संक्षेप में दे देना हम ज़रूरी समझते हैं—

आधुनिक हिन्दी कविता में उत्तरोत्तर बढ़ता विचाराग्रह और प्रभाव अपने आप में एक तथ्य है। विचारतत्व की प्रभावी भूमिका के परिणामस्वरूप आज कविता

जहाँ सामाजिक दायित्वों के निर्वाह की भूमिका की ओर बढ़ी है, वहाँ उसके संरचनात्मक और कलात्मक प्रतिमानों, सौन्दर्यरूपों में भी पर्याप्त परिवर्तन हुए हैं। विचारतत्व बाह्य या गौण तत्व न होकर केन्द्रीय स्थिति में अवस्थित हुआ है और उसने भाव एवं कल्पना तत्वों को गौण स्थिति में डालकर इन्हें अपने हित में, अपनी शर्तों पर स्वीकार किया है। विचारतत्व की इस प्रमुखता के फलस्वरूप कविता में एक नए तात्विक समीकरण का उदय हुआ है। इसकी अपनी युगीन अनिवार्यता और विशिष्टता को आधुनिक हिन्दी कविता में बखूबी पहचाना जा सकता है। कविता में विचारतत्व की संरचनात्मक मौजूदगी को पाँच विशिष्ट अवस्थाओं, चारित्रिक गुणों में बाँटकर देखा जा सकता है। लम्बी कविताओं में इन तात्विक गुणों का दख़ल और भी गहरा एवं अनिवार्य होकर उभरा है।

परिज्ञान : विषय-स्थिति या वस्तु का व्यापक-सम्पूर्ण ज्ञान, जिसे स्थिति की समझ या पहचान भी कह सकते हैं। यह समझ या पहचान स्थिति के प्रत्यक्षीकरण का फल होती है। प्रत्यक्षीकरण में वस्तुज्ञान एक अनिवार्य क्रिया है। मन की रचनात्मक क्रिया के फलस्वरूप हम वस्तु को उसकी पूर्णता में समझने का प्रयत्न करते हैं। विभिन्न संवेदनाएँ वस्तुज्ञान में सहायक होती हैं। संक्षेप में वस्तुस्थिति का वह व्यापकपूर्ण ज्ञान ही परिज्ञान है, जिसमें कवि की मानसिक क्षमताओं—स्मृति, कल्पना, अनुभव, संवेदना आदि का देश-काल की शर्तों पर प्रत्यक्षीकरण किया जाता है।

अनुचिन्तन : प्रत्यक्षीकरण में बाहरी संवेदन-प्रक्रिया अधिक मुखर रहती है तो अनुचिन्तन में व्यक्ति के भीतरी पक्ष भी अधिक सक्रिय हो उठते हैं तथा तनाव की दिशा में प्रभावी कार्य करते हैं। अनुचिन्तन में पूर्ण अनुभव एवं ज्ञान-परिज्ञान की सारी सम्पत्ति विशेष तर्कशीलता लिए हुए अनुकूल या प्रतिकूल प्रतिक्रिया करती है। अनुचिन्तन प्रक्रिया में जीवनानुभव और कवि का अन्तर्व्यक्तित्व एवं उसका संवेदनात्मक इतिहास भी आता है। विचार इसी गहन प्रक्रिया से गुजर कर अभ्यंत्रीकृत होता और काव्योपयोगी बनता है।

द्वन्द्वात्मक तनाव : युग की स्थितियों-सम्बन्धों-व्यवहारों की स्वाभाविक परिणतियों के कारण भी आज के व्यक्ति की मानसिकता द्वन्द्वपूर्ण है। यह द्वन्द्व और इसके कारण उत्पन्न तनाव आज के व्यक्ति की नियति बन गया है। भीतरी-बाहरी स्थितियों, विचारों, धारणाओं एवं मूल्यों की मुक्त टकराहटों के परिणामस्वरूप उत्पन्न द्वन्द्व उसे प्रतिपल घेरे रहता है। इस द्वन्द्वमयता के कारण ही वर्तमान अनुभव संश्लिष्ट हो गया है। समकालीन अनुभूति की जटिलता और तनाव की जड़ें इसी अनुभूत जीवन-परिदृश्य में गहरी गड़ी होने के कारण कविता

में बिम्बयोजना या सपाटबयानी के जो चित्र उभरते हैं, वे अपनी मार्मिकता में प्रामाणिक बन जाते हैं। अतः वर्तमान जीवन-यथार्थ अपनी प्रकृति में संश्लिष्ट एवं गतिशील है। इसे पकड़ने, किसी रूपाकार में बाँधने की प्रक्रिया भी इस कारण रूढ़, एकायामी या सरल नहीं रह गई। इस कारण द्वन्द्वात्मक तनाव न केवल समकालीन कविता में अनिवार्य सर्जक तत्व है, बल्कि वह समकालीन रचना के निकष होने की अनिवार्यता भी अर्जित कर गया है। समकालीन कविता में वैचारिक सन्दर्भों के कारण वह और भी अनुपेक्षणीय तत्व बन गया है।'

निर्णय : विचार की प्रकृति निष्कर्षात्मक होती है। किन्हीं निर्णयों या निष्कर्षों से विहीन विचार की कल्पना काव्य में आज सम्भव नहीं। यह हो सकता है कि हम विचार-प्रक्रिया को अधूरा छोड़ दें या भाव अथवा भावना की जिद में कहीं भटक जाएँ। निष्कर्ष तक पहुँचे बिना संतुष्ट या परितृप्त हो, विराम मान लें। उस अवस्था में यह अधूरा, अपरिपूर्ण विचार किसी भी पक्ष-विपक्ष में न जाता हुआ अधूरी, अधकचरी, विसंगत, अमूर्त्त पहचान छोड़ सकता है। अन्यथा विचार पक्ष या विपक्ष किसी एक ओर अपनी पक्षधरता, अपनी स्पष्ट पहचान और सक्रियता जरूर जताता है। पूर्ण तर्क-वितर्क के उपरान्त विवेकात्मक निर्णय-निष्कर्ष रचनात्मक प्रक्रिया को जहाँ समृद्ध करता है; वहाँ आकस्मिक निर्णय जल्दबाजी में निकाले गए निष्कर्षों के या संवेगात्मक बाधाओं के शिकार हो जाते हैं। विवेक शून्यता, विवेकबुद्धि की न्यूनता, जल्दबाजी, संवेगात्मक व्यवहार आदि उचित निर्णयों के स्वाभाविक फलन में रुकावट डाल कर या विचार के विपथन द्वारा विचार की रचनात्मक प्रक्रिया में बाधक बनते हैं। रचनागत निर्णय के सम्बन्ध में यह बात भी अत्यन्त महत्व रखती है कि बने बनाए निर्णय पूर्व-निर्मित प्रकृति के कारण न केवल अनुपयोगी होते हैं अपितु रचना की अपनी शर्तों के विरुद्ध भी पड़ सकते हैं। रचनांतर्गत ये निर्णय स्वयं अपनी आकृति गढ़ते जाते हैं; क्योंकि रचना-कर्म अपने आप में अनिर्णय की स्थिति में से निष्कर्ष दोहने की प्रक्रिया है। मुक्तिबोध जैसे प्रबुद्ध वैचारिक कवि की कविताओं में निर्णयों की प्रकृति और प्रक्रिया भी स्पष्ट है। विचार-व्यवहार में वह निर्णय की खोज में रचनात्मक निष्कर्ष की ढूँढ़ में निकलते हैं और रचनाएँ इस प्रक्रिया में लम्बी होती जाती हैं। प्रत्येक पूर्व-निर्धारित मूल्य, पहुँचे हुए निर्णय या निष्कर्ष के आगे प्रश्न-चिह्न लगाना और स्थिति-सापेक्ष किन्हीं नए उभरते, रचना में आकार लेते निर्णयों तक पहुँचना भी विचार की निजी अनिवार्य पहचान का ही पक्ष है।

संवेदनात्मक उद्देश्य : प्रत्येक कवि जाने-अनजाने किन्हीं हेतुओं से परिचालित होता है। स्थूल रूप में ये हेतु उसके संवेदनात्मक उद्देश्य कहे जा सकते हैं। इन्हीं

संवेदनात्मक उद्देश्यों के अनुसार वह स्थिति के प्रति अपनी प्रतिक्रिया व्यक्त करता है। इस प्रतिक्रिया में काव्य-तत्वों की मात्रा, अनुपात एव समीकरण निहित रहते हैं। विभिन्न काव्य तत्वों का विशिष्ट संयोजन संवेदनात्मक उद्देश्य में निहित होता है। बाह्य जगत से अर्जित सारा ज्ञान भंडार एवं परम्परा से ग्रहण किया भावजगत उसके संवेदना-संसार को सम्पन्न करते हैं। उसके व्यक्तित्व के अभिन्न अंग बन जाते हैं। अपने युग के बोध, विचार, जीवन-दृष्टि, दर्शन आदि भी संवेदनात्मक उद्देश्यों के स्वरूप, उत्तेजना और उत्प्रेरणा के कारक होते हैं, किन्तु ये कवि के संवेदनात्मक व्यक्तित्व का हिस्सा बनकर ही चरितार्थता अर्जित करते हैं।

कवि की व्यापक मानवीय सहानुभूतियों, जीवन आदर्शों के रूपस्तर की पहचान भी इन्हीं की पहचान से सम्भव है। रचना के मूल्य-निर्धारण में एवं उसके साहित्यिक स्तर विषयक निर्णय लेने में, ये एक आधार सिद्ध हो सकते हैं। इसी आधार पर कवि की दृष्टि, दिशा एवं मानवीय पक्ष-विपक्ष के सम्बन्ध में निष्कर्ष निकाला जा सकता है। क्योंकि संवेदनात्मक उद्देश्यों की जड़ें अनुभूत यथार्थ में निहित होती हैं, इसलिए संवेदना और ज्ञान की पारस्परिक संयुक्त सक्रियता में जो प्रतिफलन होता है उससे मानसिक धरातल पर रचना के सत्य एवं सौन्दर्य से पाठक-सहृदय का साक्षात्कार होता है। यही कलात्मक उपलब्धि कवि एवं सहृदय दोनों की भी उपलब्धि बन जाती है, जिसमें पाठक को अपनी तथा अपने युग की प्रतिमा तथा झलक दृष्टिगत होती है। सत्य के अन्वेषण की यह काव्य-प्रक्रिया संवेदनात्मक उद्देश्यों की विशिष्ट प्रक्रिया बन कर कलात्मक परिणति को प्राप्त होती है।

हिन्दी की दस लम्बी कविताओं पर यहाँ पृथक-पृथक लिखे गए लेख संकलित हैं। प्रकाशक की ओर से दी गई आकारगत सीमा के कारण यहाँ अन्य कुछ लम्बी कविताओं पर लेख चाह कर भी नहीं दिए जा सके। भविष्य में उन पर भी लिखने का विचार है। वैसे तो लम्बी कविता की विधागत पहचान की विशिष्टता को लेकर एक आलोचना पुस्तक सम्पादित करने का मेरा विचार सन् 1972-73 में ही बना था। तब मैंने एक लम्बी कविता–'उपनगर में वापसी' लिखी थी, जो 'कल्पना' में प्रकाशित हुई। इससे पूर्व 'मतांतर' (प्रवेशांक : 1970) तथा 'कल्पना' (अप्रैल 1974) ने लम्बी कविता पर परिचर्चाएँ भी आयोजित कीं। इससे लम्बी कविता के प्रति कौतूहल और बढ़ा। मैंने अपनी योजना के सम्बन्ध में डॉ. नरेन्द्र मोहन से चर्चा की। उन्होंने इसे कार्यान्वित करने के लिए स्वयं लम्बी कविताओं पर एक आलोचना पुस्तक 'लम्बी कविताओं का रचना-विधान'[1] सम्पादित की, जिसमें निराला की 'राम की शक्तिपूजा' से लेकर बलदेव वंशी की 'उपनगर में

वापसी' तक सत्रह कविताओं पर आलोचनात्मक लेख संकलित किए। इसके उपरान्त लम्बी कविताओं के दो संकलन और सम्पादित किए हैं।[5] असाध्यवीणा, अँधेरे में, प्रमथ्यु गाथा, आत्महत्या के विरुद्ध, मुक्तिप्रसंग, पटकथा, आज या कल या सौ बरस बाद, उपनगर में वापसी, घास का घराना, बलदेव खटिक, पहले संग्रह में, तथा हरिजन गाथा, शब्दों के तल्प पर, नगई महरा, इतिहास के जर्राहों से, फिर वही लोग, भंगी कालोनी, अतीत से गुजरते हुए, एक अग्निकांड जगहें बदलता, यात्रा के बीच, लुकमान अलीदूसरे संग्रह में संकलित हैं। ये पुस्तकें इस दिशा में उपलब्धि हैं।

इन कविताओं के अतिरिक्त और भी बहुत-सी कविताएँ हैं, जो लम्बी मानी जा रही हैं जैसे—विजयदेव नारायण साही : अलविदा, ओम प्रकाश निर्मल : नींद टूटने से पहले, रमेश गौड़ : पतनगाथा, सुखबीर सिंह : बयान बाहर, मृत्युंजय उपाध्याय : वैश्वानर, सर्वेश्वरदयाल सक्सेना : कुआनो नदी, कैलाश वाजपेयी : महास्वप्न का मध्यांतर, देवराज : इला और अमिताभ, मोहन सपरा : वक्त की साजिश के खिलाफ आदि। किन्तु अभी यह नहीं कहा जा सकता कि ये सभी कविताएँ श्रेष्ठ लम्बी कविताएँ हैं या लम्बी कविता-धारणा पर कितनी खरी उतरती हैं। वैसे भी अभी तो लम्बी कविता-विधा पर कार्य आरम्भ ही हुआ है। उसके कितने और आयाम खुलें, क्या पता! हमारी ओर से मात्र यह नम्र और पहला प्रयास आपके समक्ष प्रस्तुत है। इससे लम्बी कविता-विधा को समझने में विद्वान पाठकों को कुछ सहायता तथा इसकी चर्चा को उत्तेजना मिल पायी तो हम अपना प्रयास सार्थक मानेंगे।

ए-3/283, पश्चिम विहार,
नयी दिल्ली-110063

—डॉ. बलदेव वंशी

सन्दर्भ

1. ए. सी. ब्रेडले : 'दि लांग पोइम्स इन दि एज़ आफ वर्ड्स्वर्थ': दि पोइम्स ऐंड थ्रि ऐस्सेज आन पोयट्री; आर. गिमले जान्सन द्वारा सम्पादित : आक्सफोर्ड यूनिवर्सिटी प्रेस, पृ. 167
2. आधुनिक हिन्दी कविता में विचार : डॉ. बलदेव वंशी, मैकमिलन इंडिया लि., 2/10 अंसारी रोड, नयी दिल्ली-2, 1982
3. समकालीन कविता : विचार कविता : सं. वही, पराग प्रकाशन, दिल्ली-32, 1978
4. लम्बी कविताओं का रचना विधान : सं. डॉ. नरेन्द्र मोहन : दि मैकमिलन कं. आफ इंडिया लि., 1977
5. (क) कहीं भी खत्म कविता नहीं होती : सं. नरेन्द्र मोहन, सम्भावना प्रकाशन, हापुड़।
(ख) विचार और लहू के बीच : सं. वही, अनन्य प्रकाशन, दिल्ली; 1983

लम्बी कविता : विचार सरोकार

लम्बी कविता : आधुनिक उन्मेष

लम्बी कविता की अवधारणा आधुनिक युगीन चेतना से उद्‌भूत है। आधुनिक जीवनानुभव अपनी प्रकृति में जटिल एवं संश्लिष्ट होने के कारण परम्परित काव्य-रूपों के अस्तित्व में समा नहीं पाता। या यों कह लें कि परंपरित प्रबन्धात्मक काव्य-रूप वर्तमान के संश्लिष्ट काव्य संवेदनों को, उनकी समूची प्रकृति को सम्प्रेषित करने में असफल रहे हैं।

प्रबन्धकाव्य का विकल्प : लम्बी कविता, प्रबन्धात्मक काव्यरूपों के विकल्पस्वरूप उत्पन्न हुई विधा है, जिसके पीछे आधुनिक युगीन स्थितियों की अनिवार्यता है। इस अनिवार्यता के तहत लम्बी कविता प्रगीत और प्रबन्ध से भिन्न विशिष्ट काव्यरूप है। प्रबन्ध के बन्ध वर्तमान के परिवर्तित अनुभव को बाँध पाने में न केवल असफल सिद्ध हो रहे हैं बल्कि वे समूचे अनुभव के लिए अपर्याप्त भी पड़ते हैं। इस अन्वेषण और उपलब्धि के आग्रह के कारण ही वर्तमान जीवन की संश्लिष्ट परिस्थितियों और संगुफित संवेदनाओं के कारण परम्परागत काव्य माध्यम अपर्याप्त सिद्ध हो गए। यहीं यह भी उल्लेख्य है कि लम्बी कविता में कवि अपने युग से भी आगे की बात कहता है। इसे परम्परित काव्यरूप वहन नहीं कर सकता।

लम्बी कविता तथा छोटी कविता : लम्बी कविता और छोटी कविता की प्रकृति तथा तकनीक नितान्त पृथक् है। ऐसा कदापि नहीं कि कुछ छोटी कविताओं को मिलाकर एक लम्बी कविता बना ली जाए। ''छोटी कविता किसी एक खंड की संश्लिष्टता, आन्तरिक संगति-विसंगति की चेतना से गुजरने के कारण उसमें शिल्प का भी अपेक्षाकृत एक समरूप होता है, भाषा, बिम्ब और छन्द में एक

लय दिखाई पड़ती है, मूड भी प्रायः एक ही रहता है। लेकिन लम्बी कविता अनेक खंडों की यात्रा है। ये अनेक खंड अपने स्वभाव में एक-दूसरे से विषम होकर भी सन्दर्भ से जुड़े हुए हैं।"[1] राजीव सक्सेना ने इस सन्दर्भ में लिखा है : "कथा-तत्व से मुक्त लम्बी और छोटी कविता का बाह्य रूप शायद एक जैसा लग सकता है किन्तु आन्तरिक रूप एक जैसा नहीं होता, छोटी कविता एक या दो-चार बिम्बों-प्रतीकों के इर्द-गिर्द घूमती है, जबकि लम्बी कविता बिम्बों-प्रतीकों की अजस्र धारा बन जाती है। छोटी कविता में बिम्ब, प्रतीक अत्यंत महत्वपूर्ण स्थान प्राप्त करते हैं, इसके विपरीत लम्बी कविता में इनका सहायक स्थान होता है, प्रमुख तत्व होता है अनुभव सत्य।"[2]

इस प्रकार हम देखते हैं कि छोटी कविता अपने व्यक्तित्व में इकहरी, एकायामी और प्रकृति में बिखरावरहित होती है और लम्बी कविता संश्लिष्ट, बहुआयामी, महाकाव्यात्मक तत्वों से मंडित अनेक युगीन सन्दर्भों-प्रसंगों को आपस में गूँथकर युगीन मानसिकता के समानान्तर उठी एक व्यापक पहचान होती है। ऊपर से दिखने वाली प्रसंगों की अराजकता के भीतर अन्विति भी लम्बी कविता को छोटी कविता से पृथक् करती है।

लम्बी कविता तथा प्रगीत : लम्बी कविता प्रगीत से भी कई मुखर बिन्दुओं पर पृथक् और विशिष्ट अन्तर रखती है। प्रगीत में अवयवों का सुगठित रूप मिलता है, जबकि लम्बी कविता में अवयवों की अन्विति उपलब्ध होती है, जिसमें बौद्धिक तटस्थता रचना-विधान को अनुशासित रखती है। इसके विपरीत प्रगीत में आत्मपरकता के कारण तटस्थता नहीं रह पाती और रागात्मक लगाव की स्निग्धता ऊपर आ जाती है। प्रगीत में अनुभूति की रागात्मक प्रकृति यथार्थ की पहचान को धुँधला करती है, जबकि लम्बी कविता की अनुभूति ज्ञानात्मक होने के कारण यथार्थपरक एवं धारदार होती है, जो यथार्थ को परत-दर-परत उधेड़ती हुई गहरे डूबे सत्य तक पहुँचने की छटपटाहट में लम्बी या प्रदीर्घ हो जाती है। प्रगीत में एक निश्चित मूड की सरल रेखीय प्रकृति निहित रहती है, जबकि लम्बी कविता अपने युगीन झुकावों, दबावों को आत्मसात् कर चलने के कारण वक्र एवं संकुलाकार संरचना का परिचय देती है। नरेन्द्र मोहन के शब्दों में "लम्बी कविता पर छोटी कविता या प्रगीत की अन्विति के नियम लागू नहीं किए जा सकते। प्रगीतात्मक अन्विति की अभ्यस्त दृष्टि से इसका जायजा या विश्लेषण भी नहीं किया जा सकता।"[3]

यह भी ध्यातव्य है कि पश्चिम में लम्बी कविता का रूप-विकास प्रायः

औद्योगिक-कृषि क्रान्तियों के बाद मिलता है और भारत में भी प्रायः वैसी ही स्थितियों के उद्‌भव से लम्बी कविता का जन्म-विकास जुड़ा है। पाश्चात्य साहित्य जगत् में लम्बी कविता की धारणा की एक समृद्ध परम्परा रही है। लम्बी कविता के पक्ष में जहाँ प्रबल तर्क मिलते हैं, वहाँ उसके विपक्ष में ये आत्यंतिक मत भी सामने आए हैं कि लम्बी कविता का अभिव्यक्ति-प्रकार अपने आप में एक अन्तर्विरोधी संज्ञा है। इस मत के पीछे लेखक की यह धारणा मुख्यतः आग्रहशील है कि कविता मूलतः प्रगीतात्मक होती है और प्रगीतात्मकता तीव्र भावावेग में ही सम्भव है। यह तीव्र भावावेग प्रदीर्घता में स्थिर नहीं रह सकता। अतः लम्बी कविता यदि सम्भव हो भी पाती है तो बीच-बीच में गद्यात्मक स्थलों के पैबन्द लगाकर ही।[4]

उक्त लेखक ने लम्बी कविता के बारे में यह मत उसकी प्रगीतात्मकता को अनिवार्य तत्व मानकर बनाया है जबकि आधुनिक युगीन लम्बी कविता की मूल धारणा प्रगीतात्मकता के विरुद्ध है। वह विचारात्मक प्रशान्ति तथा सृजनात्मक तनाव की उपज है। इसी कारण उसमें बड़े कार्य (Great work) के प्रबन्धतत्व भी सम्मिलित हो आते हैं, एक लम्बी कविता की अपेक्षा विचारगत तनाव के सतत लम्बे क्रम में, कई बैठकों में भी सृजित हो सकती है। उसके लिए क्षण के तीव्र भावावेग की शर्त जरूरी नहीं।

लम्बी कविता : लम्बाई का आयाम

लम्बी कविता की लम्बाई, प्रदीर्घता के सम्बन्ध में भी विद्वानों के अलग-अलग मत हैं। हरिवंश राय बच्चन उस रचना को लम्बी कविता मानते हैं... "जो लम्बी हो।".[5] राजीव सक्सेना लम्बी कविता को "प्रबन्ध काव्य का संस्करण"[6] मानते हैं। उनके मत का आधार यह है कि "पन्त, निराला, प्रसाद की लम्बी कविता एक प्रकार से लघु खंडकाव्य है। अज्ञेय की 'असाध्यवीणा' भी इसी श्रेणी में रखी जा सकती है।"[7] रामदरश मिश्र ने लम्बी कविता की लम्बाई के विषय में लिखा है : "लम्बी कविता वह है जो लम्बी हो और जो आज के जीवन के कई-कई घुमावदार मोड़ों से गुजरती हुई एक जटिल यथार्थ का बोध और अनुभूति उभारती हो। वह अपने सफल रूप में स्वतन्त्र इकाई कही जा सकती है, असफल रूप में इसे छोटी कविताओं का फूहड़ विस्तार या द्विवेदीकालीन इतिवृत्तात्मक कविता की वंशज कह सकते हैं।"[8] इस सन्दर्भ में नरेन्द्र मोहन का मत है केवल लम्बाई में फैली हुई और प्रदीर्घ दिखने

वाली कविता प्रगीत भी हो सकती है जिसमें लम्बी कविता का एक भी गुण न हो। लम्बी कविता को लम्बी बनाने वाली कोई केन्द्रीय स्थिति ही होती है जिसके गिर्द सन्दर्भ, प्रसंग और अनुस्पन्दन उभरते रहते हैं।''[9] सत्यप्रकाश मिश्र ''वस्तु और सत्य के संयुक्त घोल''[10] में लम्बाई को देखते हैं, तो राजकुमार शर्मा 'काव्यानुभव को वस्तुनिष्ठ वैचारिक आधार से जोड़ने'[11] में लम्बाई को रेखांकित करते हैं।

अतः हम देखते हैं कि लम्बी कविता की लम्बाई अपने आप में कोई विषय-कथ्य से मुक्त तत्व न होकर आपेक्षित एवं रचनाप्रक्रिया से आन्तरिक रूप में जुड़ी हुई अनिवार्यता है। छोटी-छोटी एक ही मनःस्थिति या मुहावरे में बँधी कई कविताओं को एक साथ जोड़ देने से भी लम्बी कविता को उपलब्ध नहीं किया जा सकता, भले ही लम्बाई को बढ़ाया जा सकता है। लम्बी कविता की लम्बाई कवि की उक्त प्रकार की जबरन लम्बाई की इच्छा पर आधारित नहीं होती। अनुभव एवं विचार की प्रदीर्घ तनावयुक्त स्थिति के कई-कई अन्तः-प्रसंग, सन्दर्भ, संकेत आपस में संश्लिष्ट रूप में गुँथे हों और प्रदीर्घता में व्यापक, संश्लिष्ट सत्य अपनी पूर्णता में फलित होना चाहिए।

हिन्दी कविता में आधुनिकता की धारणाओं के समान्तर ही लम्बी कविता का विकास देखा जा सकता है, जहाँ शास्त्रीय चौखटों में जकड़ी प्रबन्धात्मक तत्वों के तहत कथाधृत परम्परित लम्बाई नहीं, प्रत्युत् वर्तमान के बिन्दु पर खड़े होकर जीवन-समाज की लम्बी—अनेकानेक यातनाकथा प्रमुख हैं, फिर भले ही वह दार्शनिक परिणति को स्वर दे या सामयिक बोध के किसी पक्ष को उठाकर मानव-नियति के वर्तमान दौर को लेकर चिन्ताकुल हो। आख्यान की इतिवृत्तात्मकता की अपेक्षा बिम्ब और विचार को केन्द्रीय स्थिति या स्थितियों की केन्द्रीयता में ताना गया हो। इस तानने में सर्जनात्मक तनाव की महत् भूमिका अनिवार्य है। गद्यात्मक विवरणों-विस्तारों के सहयोग से अनुभव की जटिलता को, उसके छिपे हुए पक्षों को भी खोला जाता है। हिन्दी की लम्बी कविताओं में मुक्तिबोध की 'अँधेरे में', राजकमल चौधरी की 'मुक्तिप्रसंग' आदि में इस पद्धति के श्रेष्ठ उदाहरण हैं, जिसके कारण ये कविताएँ अपनी लम्बाई की सार्थकता को सिद्ध करती हैं।

लम्बी कविता : संरचना के निकष

अन्विति : लम्बी कविता में अन्विति का होना जरूरी है। बाहर से विशृंखल दिखने पर भी भीतर से किसी एक सूत्र में तथ्यों, प्रसंगों, सन्दर्भों का पिरोया-गुँथा होना

आवश्यक है, अन्यथा समूची लम्बी कविता अपने प्रभाव एवं उद्देश्य में विफल रह जाती है। लम्बी कविता में कई-कई बातों, विविध अनुभवखंडों को एक संश्लिष्ट रचना-प्रक्रिया द्वारा आपस में गूँथकर युगीन विसंगतियों को उद्‌घाटित किया जाता है। रामदरश मिश्र का कथन है, ''लम्बी कविता अनेक खंडों की यात्रा है और ये अनेक खंड अपने स्वभाव में एक-दूसरे के विषम होकर सन्दर्भ से जुड़े हुए हैं। इसलिए लम्बी कविता की भाषा, मूड, बिम्ब-विधान, छन्द सभी में अनेकस्मता दिखाई पड़ती है।''[12] एक अनेकरूपता आन्तरिक अन्विति तभी अर्जित कर पाती है जब कवि किसी सर्जनात्मक सूत्र को पकड़कर गहरे शैल्पिक अनुशासन में उन्हें संगठित करता है। तब असंबद्ध प्रसंगों-सन्दर्भों में भी एक सम्बद्धता दिखती है। अनेकरूपता में एकरूपता आ जाती है।

नरेन्द्र मोहन ने लम्बी कविता की अन्विति के दो प्रकारों का उल्लेख किया है। ''यह अनुमान किया जा सकता है कि लम्बी कविता का गठन जहाँ बिम्बात्मक हो वहाँ अन्विति आवयविक और अखंडित दिखे और जहाँ बिम्ब-संकेन्द्रण पर आग्रह न होकर सन्दर्भों और प्रसंगों की सन्निधि और टकराव पर बल दिया गया हो वहाँ अन्विति शिथिल और खंडित दिखे। लम्बी कविताओं में अन्विति के ये दोनों ही प्रकार—बिम्बात्मक और वैचारिक—मिलते हैं।''[13] रामदरश मिश्र के अनुसार ''वास्तव में लम्बी कविता एक लय की अभिव्यक्ति नहीं है वरन् जिन्दगी की अनेक लयों की एक संश्लिष्ट लय है। उसमें जीवन और शिल्प दोनों के ही अनेक उतार-चढ़ाव होते हैं।''[14]

धूमिल की कविता 'पटकथा' में रूपक के द्वारा विवरणों-वक्तव्यों को केन्द्रीय विचार से अन्विति किया गया है। राजकमल चौधरी की कविता 'मुक्तिप्रसंग' में तनाव केन्द्रीय स्थिति में रहकर अन्विति का सूत्र बना है। मुक्तिबोध की कविता 'अँधेरे में' में कथ्य को बिम्बों, प्रतीकों-संकेतों में परिवर्तित करके वैचारिक अन्विति प्रदान की गई है। सौमित्र मोहन ने 'लुकमानअली' में युगीन विसंगतियों-विडम्बनाओं को एक शरारती, सिनिकल, व्यंग्यप्रधान, कौतुकी अतर्क्य व्यवहार की तटस्थता में उद्‌घाटित किया है। 'लुकमानअली' अपने समय के विद्रूप और अवैध की वैध संतान हैं। अपने समय की विद्रूपताओं-विसंगतियों को एक चरम अतिरंजनापूर्ण व्यवहार में नंगा किया गया है। यही इस कविता की अन्विति का आधार है।

लम्बी कविताएँ वर्तमान युग की जटिलता को कई प्रकार से व्यक्त करती हैं। इसलिए लम्बी कविता की संरचना भी जटिल होती है। लम्बी कविताएँ अपने बाह्य परिवेश को भी चित्रित करती हैं। साथ ही उनमें वर्तमान जिन्दगी

के अनेक संश्लिष्ट रूपों को एक साथ व्यापक स्तरों पर उभारने की क्षमता होती है। इसी अन्विति के बल पर वह अपनी असली क्षमता अर्जित करती है।

नाटकीयता : नाटकीयता लम्बी कविता का अनिवार्य गुण है। बिना नाटकीय रचना-विधान के युगीन यथार्थ की छद्मता, द्वैधता और अन्तर्विरोधपूर्ण स्थिति के विविध पक्षों, रंगों, रंगतों को उघाड़ सकना सम्भव नहीं। युगीन यथार्थ के बहुरूपीपन के मुखौटों को छीलने-उतारने के लिए नाटकीय संरचना ही कारगर सिद्ध हो सकती है। इस यथार्थ को कई पक्षों और प्रकारों—मिथकीय, फंतासीय, उलटबासीनुमा रूप में या विद्रूपीकृत करके छेड़ने-कुरेदने, उधेड़ने, उलट-पलट करके देखने से ही जाना जा सकता है, क्योंकि यह आधुनिक यथार्थ ठस्स और ठोस नहीं बल्कि गतिशील एवं सतत परिवर्तनीय है। उसे पकड़ने की विधि भी उसके अनुरूप लोचदार होनी चाहिए। लोच पात्रों, स्थितियों, सम्बन्धों, संवादों के आपसी टकराव या नाटकीय रचाव से लाई जा सकती है, जिससे स्थितियों के पीछे की स्थितियों, चेहरों के पीछे छिपे असली चेहरों और आशयों को नग्न रूप में सामने लाया जा सके। नाटकीय विधान की अनिवार्यता इसलिए भी है, क्योंकि इससे लम्बी कविता की लम्बी एकरस प्रकृति से पाठक को उबारा जा सके। निराला की कविता 'राम की शक्तिपूजा', मुक्तिबोध की कविता 'अँधेरे में' में संरचना, स्थितियों और संवादों की नाटकीयता स्पष्ट रूप से लक्षित की जा सकती है।

विचार और केन्द्रीयता : समकालीन लम्बी कविता सामाजिक, राजनीतिक दबावों, टकरावों, मूल्यों, सम्बन्धों, विसंगतियों से गुजरती है, इसलिए उसका रवैया और मुख्य सरोकार वैचारिक हो गया है। लम्बी कविता में कथ्य से लेकर संरचना तक प्रभावी दखल रखने वाला तत्व विचार है, जो अन्य तथ्यों, प्रसंगों, विवरणों को अन्तःसूत्रों में पकड़ता और नियोजित करता है। यह विचार मानववादी और संघर्षशील पक्ष से जुड़ा हुआ होने के कारण समूची कविता का प्राणतत्व भी है। समकालीन लम्बी कविताओं में विचार की सर्वोपरि भूमिका ही उनकी प्रासंगिकता और सार्थकता की पहचान भी है। विचार उन्हें एक ओर सामाजिक यथार्थ और कर्म से जोड़कर प्रामाणिक बनाता है तो दूसरी ओर कथ्य और संरचना-प्रक्रिया के दौरान अनुशासनात्मक अंकुश का कार्य भी सम्पन्न करता है। "किसी छोटी, उच्छ्वासपूर्ण कविता के लिए अनुभूति शायद पर्याप्त होती हो, किन्तु किसी भी बड़ी कविता के रचना-संसार को फैलाने के लिए, उसमें दर्शन, राजनीति अथवा सामाजिक चिन्तन को समाविष्ट करने के लिए और उसके हित बिम्ब, प्रतीक आदि का चयन करने के लिए, निश्चय ही वैचारिक तारतम्य की आवश्यकता पड़ती है।"[15]

लम्बी कविता में विचार की सक्रियता कथ्य-नियोजन और संरचनात्मक परिणतियों के रूप में उपलब्ध होती है। जीवन-परिदृश्य में व्याप्त राजनीतिक, आर्थिक, सामाजिक, वैज्ञानिक-औद्योगिक प्रभावों के परिणामस्वरूप उभरी विसंगतियों, मूल्यहीनताओं, विडम्बनाओं एवं अमानवीय स्थितियों के चयन का कार्य विचार का एक कार्य है तो इन सन्दर्भों-प्रसंगों को कविता के समूचे ढाँचे में संश्लिष्ट रचना-विधान में ऐसे पिरो देना, अन्वित करना कि जिससे समय-जीवन की समस्त विद्रूपताएँ, सौन्दर्य-प्रतिमाएँ और विचार-सृष्टियाँ मुखर हो उठें—विचार का दूसरा कार्य है।

लम्बी कविता की रचना-प्रक्रिया भी विभिन्न प्रकार की हो सकती है। एक प्रकार तो यह है कि पूर्व-निर्मित विचार, निष्कर्ष या निर्णय किसी कविता में कथावस्तु, तथ्य, घटना या घटना-क्रम एवं समस्या का आश्रय लेकर अपना विस्तार साधता है और अन्त में मतःस्थापन जैसा कार्य सम्पन्न करता है जो पूर्व-निर्धारित विचार या निर्णय से भिन्न नहीं जाता बल्कि उसी की पुष्टि में परवान चढ़ता है; उसे ही पुष्ट-समृद्ध करता है। इस प्रकार की कविताओं का अन्त भी निश्चित, रूढ़ एवं सैद्धान्तिक हो जाया करता है। इन कविताओं की लम्बाई भी प्रायः निर्धारित-सी होती है क्योंकि मत-स्थापन, विचार-संपादन या कथा के सम्पन्न एवं समस्या के समाधान तक पहुँचकर अन्त अवश्यम्भावी हो जाता है। 'परिवर्तन' (सुमित्रानन्दन पन्त), 'प्रलय की छाया' (जयशंकर प्रसाद), 'राम की शक्तिपूजा, (निराला), 'समय देवता' (नरेश मेहता), 'प्रमथ्युगाथा' (धर्मवीर भारती), 'असाध्यवीणा' (अज्ञेय), 'अस्तित्व का गीत' (राजीव सक्सेना) आदि इस प्रकार-विधि की लम्बी कविताओं की कोटि में रखी जा सकती हैं। दूसरे प्रकार के अन्तर्गत अर्थ-सूत्रों के तनाव और ढील के रचना-विधान के द्वारा विचार तक पहुँचा जाता है। इस विधि के अधीन तथ्यों का संकलन-चयन तथा उन तथ्यों के आधार पर अनुमान-परिकल्पना एवं यथार्थ के रास्ते से किन्हीं निष्कर्षों-निर्णयों तक पहुँचने के कवि के प्रयत्न नियत रहते हैं। तर्कशास्त्र के अनुसार यह आगमनात्मक विचार पद्धति है। अधिकांश समकालीन लम्बी कविताएँ इसी विधि के निकट पड़ती हैं।

'अँधेरे में' (मुक्तिबोध), 'मुक्तिप्रसंग' (राजकमल चौधरी), 'पटकथा' (धूमिल), 'खंड-खंड, पाखंड पर्व' (मणिमधुकर), 'उपनगर में वापसी' (बलदेव वंशी), 'नाटक जारी है' (लीलाधर जगूड़ी), 'तलघर' (प्रमोद सिन्हा), 'जारी इतिहास के विरुद्ध' (हेमन्त शेष), 'वक्त की साजिश के खिलाफ' (मोहन सपरा), 'कुछ हो रहा है' (ओमप्रकाश निर्मल), 'एक मामूली आदमी का बयान' (रमेश गौड़), 'कुआनो नदी' (सर्वेश्वरदयाल सक्सेना), 'आत्महत्या के विरुद्ध'

(रघुवीर सहाय), 'सुरंग से लौटते हुए' (दूधनाथ सिंह), 'एक अग्निकांड : जगहें बदलता' (नरेन्द्र मोहन) आदि दूसरे प्रकार के अन्तर्गत रखी जा सकती हैं।

अन्तहीन अन्त : समकालीन लम्बी कविता का अन्त एक अन्तहीन अन्त होता है, क्योंकि लम्बी कविता जीवन-यथार्थ की गतिशीलता को लेकर चलती है जिससे उसकी लम्बाई ही नहीं, उसका अन्त भी असमाप्य-सा बना रहता है। लम्बी कविता की प्रकृति और संरचना सैद्धान्तिक न होकर वैचारिक होती है, इसी से उसका अन्त भी प्रवहमान किसी मोड़ पर लाकर छोड़ दिया जाता है। मुक्तिबोध का यह कथन, लम्बी कविता के अन्त को समझने की दिशा में सहायक हो सकता है :

"नहीं होती, कहीं भी खत्म कविता नहीं होती
कि वह आवेग-त्वरित काल-यात्री है।
व मैं उसका नहीं कर्ता
पिता-धाता
कि वह कभी दुहिता नहीं होती,
परम स्वाधीन है वह विश्व-शास्त्री है।"[16]

लम्बी कविता 'काल-यात्री' और 'परमस्वाधीन' रचना है। वह 'दुहिता' भी नहीं, तब उसका अन्त भी कवि के बस का कैसे हो सकता है? गतिशील यथार्थ के परस्पर गुम्फित रूप के कारण ही कविताएँ लम्बी हो जाती हैं और अन्तरहित अन्त वाली भी।

लम्बी कविता की रचना-विधि को स्पष्ट करती हुई प्रमोद सिन्हा की काव्य-पंक्तियाँ उद्धृत करना भी असंगत न होगा :

'अच्छी बिसाती की दुकान लम्बी कविता हुआ करती है
और आदमी
उस उपयोगिता का नजदीकी खरीदार
एक साथ कितने-कितने दायरे
आपस में उलझने नहीं पाते क्योंकि वह अस्पताल हुआ करते हैं और
उनकी नर्सें गले में बँधा हुआ स्कार्फ जिन्हें खुद भी पता नहीं रहता
कि कितनी-कितनी किंवदन्तियाँ
उनके विषय में गढ़ ली जाती हैं और
टेपवर्म की तरह फैलती चली जाती हैं इधर से उधर"[17]

अतः लम्बी कविता यदि बिसाती की दुकान की भाँति जिन्दगी के परचून

को आदमी के लिए सजाये है, तो उसमें कितने-कितने दायरे भी हैं। ये दायरे उलझे हुए नहीं क्योंकि वे अस्पताल हैं, फिर इन दायरानुमा आन्तरिक संरचनाओं में रोगी, नर्सें, किंवदन्तियाँ हैं, जो फैलती हुई इधर से उधर चली जाती हैं टेपवर्म की तरह। किंवदन्तियों का फीता कृमि की भाँति फैलना-उलझना भी एक तथ्य है। ऐसी स्थिति में उनकी बढ़ती लम्बाई को कोई निश्चित विराम नहीं लगाया जा सकता।

अतः लम्बी कविता की प्रविधि में अन्त का खुला रह जाना, अगले क्रम की शुरुआत के लिए छूटे हुए सूत्र की तरह रहता है। जीवन यथार्थ के समान्तर लम्बी कविता असमाप्त समाप्ति पर कहीं भी रुक जाती है।

सर्जनात्मक तनाव : लम्बी कविता की लम्बाई के आयाम में सर्जनात्मक चेतना जीवनगत तनावों की सुदीर्घ शृंखला में जकड़ी है। तनाव की स्थिति वहाँ विधायक होती है और स्वरूप द्वन्द्वात्मक। लम्बी ही नहीं समकालीन छोटी कविता का उत्स भी तनाव और यातना का बिन्दु है। समकालीन कवि इस बिन्दु पर स्थित हो रचनारत रहता है। उसके रचना-कर्म में प्रवृत्त होने का आधार तनाव होता है जो अनुभूति और विचार के द्वन्द्व पर आधारित होता है। कवि की अनुभूति, जो जीवन-अनुभव से उपलब्ध होती है, उसका कवि के विचार से तालमेल नहीं बैठता—नहीं बैठ सकता। अतः एक द्वन्द्व गहराने लगता है, जो रचनात्मक आयाम ग्रहण कर फूट निकलता है। इस 'फूट निकलने' की प्रविधि को साधना और अनुशासन में बाँधना गहरे कला-मूल्यों से जुड़ा कार्य है।

प्रत्येक कवि की अपनी अभिव्यक्ति-प्रक्रिया, संवेदन-प्रक्रिया, तनाव को पृथक् ढंग से तानती-फैलाती है। सृजनात्मक तनाव की अक्षुण्णता और दीर्घता ही लम्बी कविता में चरितार्थ होती है। यह अलग बात है कि इस तनाव की आयोजना सम्पूर्ण रचना में छितराई हुई हो। बीच-बीच में अन्य विवरणों, उपकथाओं या सन्दर्भों को लाकर ढील या तनाव-शैथिल्य पैदा किया जाए, जिससे तनाव का कसाव और एकतानता इतना न बढ़े कि पाठक का धैर्य ही लड़खड़ाने लगे। फिर इससे लम्बी कविता की विशिष्ट प्रविधि के प्रतिफलन में भी कमी या स्खलन न उत्पन्न होने पाए, इसलिए भी बीच-बीच में तनाव-शैथिल्य का आना अनिवार्य-सा लगता है। टी. एस. इलियट ने 'तनाव की व्यापक सम्भाव्य विविधता'[18] के द्वारा तनाव के रचनात्मक स्तरों की ओर संकेत किया है। हिन्दी की विशिष्ट मानी जाने वाली लम्बी कविताओं में, जिनमें परिदृश्य-विस्तार भी अपेक्षाकृत अधिक है, तनाव की उक्त प्रविधि का समुचित प्रयोग हुआ है। 'राम की शक्तिपूजा',

'अँधरे में', 'मुक्तिप्रसंग', 'पटकथा', 'उपनगर में वापसी', 'नाटक जारी है', 'एक अग्निकांड : जगहें बदलता' में इस तथ्य को दृष्टिगत किया जा सकता है।

सर्जनात्मक तनाव को उपलब्ध करने के व्यवहार भी पृथक्-पृथक् दृष्टिगत होते हैं। बच्चन की लम्बी कविता 'दो चट्टानें' अथवा 'सिसिफस बरक्स हनुमान' में कवि जीवन-यथार्थ, सत्य का काल्पनिक अनुमान और भावनामयी परम्परित काव्य-दृष्टि को कहीं भी छोड़ नहीं सका है, इसलिए तनाव की प्रकृति भी भावाधृत होकर वर्तमान जीवन से साक्षात्कार करा पाने में और विचार के उठान में असमर्थ रही है। कविता की आंरम्भिक पंक्तियाँ प्रमाण हैं :

"कल्पना के
बहुत ऊँचे शैल पर
आसीन हूँ मैं।
मैं यहाँ से देखता हूँ
सत्य का आधार लेकर–
ठोस, दृढ़तम–
उठे अनगिन भूधरों को
बीच जिनके
भ्रांति की, संदेह की, अनुमान की
बहु घाटियाँ
गहरी कुहासे-भरी,
सँकरी और चौड़ी
दूर तक फैली हुई हैं।"[19]

सत्य का आधार कितना भी ठोस, दृढ़तम हो किन्तु उसे देखने-अन्वेषित करने वाली चेतना ही यदि भावनापन्न हो और दृष्टि कल्पनाप्रधान तथा पुराने संस्कारों से ग्रस्त हो वहाँ वस्तुसत्य, तर्क एवं बौद्धिकता के आधार कैसे स्थिर रह सकते हैं। कवि ने स्वयं इस तथ्य को स्वीकार किया है।[20] 'असाध्यवीणा' (अज्ञेय), 'प्रमथ्युगाथा' (धर्मवीर भारती) आदि लम्बी कविताओं में भी तनाव का स्वरूप और प्रकृति भावनापरक है।

विस्तृत परिदृश्य वाली लम्बी कविताओं की अपेक्षा, अपेक्षाकृत संकुचित परिदृश्य वाली लम्बी कविताओं में सृजनात्मक तनाव की एकतानता मिलती है, जो विचार के आधार पर विकसित हुई है, 'जख्म' (रमेश कुन्तल मेघ), 'एक मामूली

आदमी का बयान' (रमेश गौड़), 'फिर वही लोग' (रामदरश मिश्र), 'अलविदा' (विजयदेवनारायण साही) आदि में इसे लक्षित किया जा सकता है।

विधायक आधार : लम्बी कविता में सर्जनात्मक तनाव को रूपाकार देने वाला तत्व कोई केन्द्रीय बिम्ब, रूपक या विचार होता है। लम्बी कविता में ऊपर से बिखरे, विशृंखल-से दिखने वाले हिस्सों-भागों या अनुच्छेदों-सन्दर्भों में इसी केन्द्रीय बिम्ब, रूपक या विचार के द्वारा अन्विति साधी जाती है। विविध सन्दर्भ या प्रसंग इसी केन्द्रीय बिम्ब, रूपक या विचार को गहराने में ही अपनी सार्थकता सिद्ध करते हैं। ये सभी लम्बी कविता की आन्तरिक संरचना को समर्पित होते हैं और इसके व्यक्तित्व को उभारते और समृद्ध करते हैं। इस केन्द्रीय धुरी से निरपेक्ष विवरणात्मक लम्बाई जहाँ लम्बी कविता की धारणा को ठेस पहुँचाती है, वहाँ कोई अन्विति न साध पाने के कारण व्यर्थ और बेमानी हो जाती है।

नरेन्द्र मोहन ने इस सन्दर्भ में लिखा है कि "सर्जनात्मक दृष्टि से लम्बी कविता के विधायक बिम्ब या रूपक और इसके संरचनात्मक वैविध्य, बिखराव और खुलेपन में विरोध नहीं। इसी बिन्दु पर बिम्ब, विवरण और विचार कवि के अभिप्राय को गहराते हैं। इसे प्रतिभाशाली कवि ही साध पाते हैं। इसे न साध पाने के कारण क्रेन की लम्बी कविता 'दि ब्रिज' असफल रह गई और इसे साध लेने की वजह से विलियम कार्लोस की लम्बी कविता 'पेटरसन' एक महत्वपूर्ण लम्बी कविता बन गई।"[21]

इस सन्दर्भ में हिन्दी की दो लम्बी कविताओं का उदाहरण देते हुए नरेन्द्र मोहन ने 'खंड खंड पाखंड पर्व' को इस कारण असफल लम्बी कविता कहा है क्योंकि समकालीन स्थितियों के ब्यौरे और प्रसंग किसी विधायक बिम्ब द्वारा अन्तःसम्बद्ध न हो सके और इसी अन्तःसम्बद्धता के कारण राजकमल की लम्बी कविता मुक्तिप्रसंग हिन्दी की एक विशिष्ट लम्बी कविता बन गई है।[22]

लम्बी कविता की असफलता, उसमें जीवन-स्थितियों के प्रति समरूप मनःस्थितियों की अनियोजित अभिवृद्धि करते जाने से घटित होती है। इस तरह उपलब्ध लम्बाई कविता को लम्बी तो बना पाती है उसके अन्तःसूत्रों को आद्यंत सर्जनात्मक अन्तःसंगति और समृद्धि नहीं दे पाती। इस कारण दीर्घीकरण की एकायामी आकांक्षा तो फलती है, लम्बी कविता उपलब्ध नहीं हो पाती। लीलाधर जगूड़ी की लम्बी कविता 'नाटक जारी है' (1967 से 1970 तक) लिखी गई छोटी-छोटी प्रतिक्रियात्मक मनोदशाओं की 'सैंतीस' विशृंखलित कविताओं की

सुदीर्घ कविता है। इसे कवि की अन्य कविताओं से भिन्न कर कोई विशिष्ट रूपक, बिम्ब, विचार या दर्शन का कोई आधार अनिवार्य नहीं ठहराता। एक अंश जहाँ रुकता है, दूसरा उससे भिन्न कभी-कभी विमुख सन्दर्भ को उठा लेता है। छब्बीस के अन्त में :

> *"क्रान्ति आप करते नहीं*
> *देते हैं*
> *आपकी सुविधा के लिए वह दैनिक धमकी है"*[23]

और सत्ताईस के आरम्भ में :

> *"चंगुल में। घड़ी के बाहर बजता हुआ*
> *मैं कई दृश्यों से गुजर जाऊँगा*
> *मगर चीजें मुझे पकड़ नहीं सकेंगी*
> *मैं उनकी जगहें बदल दूँगा फिर-भी... ।"*[24]

—जैसी अतिरिक्त और अनावश्यक पंक्तियों की भरती कविता को दीर्घ बनाती जाती है। मज़ा यह है कि यदि सैंतीस के सैंतीस अनुच्छेदों की जगहें कवि बदल दे तो भी आप कवि को पकड़ नहीं पाएंगे। और यदि उनमें से कुछ को निकाल कर कुछ और को डाल दिया जाए तो भी यह नाटक जारी रहेगा।

लम्बी कविता के विधायक आधार को गहराने वाले समग्र-बिम्ब, रूपक या विचार का केन्द्रीय धुरी के रूप में अवस्थिति होना अनिवार्य है। यही वह आधार है, जो अपनी सार्थकता संरचनात्मक परिस्थितियों में उपलब्ध करता है।

लम्बी कविता की शुरुआत

'राम की शक्तिपूजा' से पूर्व रचित छायावादी प्रकृति की दो अन्य लम्बी कविताएँ—'परिवर्तन' (पन्त, 1926), 'प्रलय की छाया' (प्रसाद, 1933) अपने रचना-विधान में, अपनी रूपात्मक-गीतात्मक रुचि एवं वैचारिक-चिन्तनात्मक आधार-शिथिलता के कारण प्रथम लम्बी कविता होने की पात्रता अर्जित नहीं कर पातीं।

'परिवर्तन' अपने अंश-अंश खंडित कथ्य को लेकर, जो पृथक्-पृथक् कविताओं सा लगता है, वैचारिक तारतम्य को बनाए न रख सकने की असमर्थता में प्रथम लम्बी कविता नहीं मानी जा सकती। डॉ. नरेन्द्र मोहन ने 'परिवर्तन' के बारे में इस सन्दर्भ में लिखा है "लगता है यह एक कविता न होकर अलग-अलग कविताओं का समूह है...खासतौर से 'परिवर्तन' के विराट बिम्ब का चित्रण करने वाला अंश,

जो स्वतन्त्र कविताओं का-सा आभास देता है। ऐसे में इसे लम्बी कविता मानने का क्या तर्क हो सकता है?"[25]

'प्रलय की छाया' अपने लयात्मक संयोजन और रागात्मक आधार के कारण, लम्बी कविता-परम्परा की प्रथम कड़ी सिद्ध नहीं होती। क्योंकि लम्बी कविता में अनुभूति की बनावट वैचारिक-ज्ञानात्मक पक्षों से समृद्ध होती चलती है, जो जीवन यथार्थ से साक्षात्कार में संघर्षमुखी भी हो। 'प्रलय की छाया' का चरित्र भावुकता-प्रधान और कल्पनाप्रवण रागात्मकता लिए है।

लम्बी कविता, क्योंकि आधुनिक युगीन स्थितियों की उपज है, इसलिए उसने काव्य के प्रबन्धात्मक रूप के विकल्पस्वरूप अस्तित्व ग्रहण किया है। ज्यों-ज्यों आधुनिक मानसिकता विकसित होती गई, त्यों-त्यों हिन्दी साहित्य में, प्रबन्धकाव्य के चरित्र में तात्विक दृष्टि से ढील आती गई है और अन्ततः 'राम की शक्तिपूजा' (निराला, 1937) जिस काव्य-ढाँचे को लेकर उपस्थित हुई, वह प्रबन्धात्मक कम, मुक्त-आधुनिक अधिक है, और प्रबन्धात्मकता का सही विकल्प भी। इससे हिन्दी काव्य में लम्बी कविता की वर्तमानधारा की शुरुआत मानी जा सकती है। 'राम की शक्तिपूजा' में सर्जनात्मक तनाव, निरन्तरता, प्रदीर्घता के साथ उसके समूचे रचाव में विद्यमान है। विचार-अनुभव की स्थितिपरक नाटकीयता तथा मिथकीय पुनःसृजन उसे लम्बी कविता होने के साथ एक विशिष्ट सांस्कृतिक उपलब्धि भी सिद्ध करते हैं। रामविलास शर्मा के शब्दों में... 'राम की शक्तिपूजा' महाकाव्य नहीं है, खंडकाव्य भी नहीं, वह एक लम्बी कविता है, परन्तु उसमें ये सभी गुण वर्तमान हैं।"[2] 'राम की शक्तिपूजा' अपनी सर्जनात्मकता और चेतना को लेकर हिन्दी की प्रथम लम्बी कविता मानी जा सकती है। किन्तु हिन्दी की विशिष्ट लम्बी कविता मुक्तिबोध की 'अँधेरे में' को ही माना जाएगा जो लम्बी कविता की आधुनिक धारणा को विकसित करती और आदर्श-रूप प्रस्तुत करती है।

हिन्दी की दस विशिष्ट लम्बी कविताओं को विचार तत्व[27] के आधार पर हम विश्लेषित करना चाहते हैं, ताकि उनकी उपलब्धि को, विचार के आधार को रेखांकित किया जा सके। अपने इस अध्ययन में हम लम्बी कविता के सम्बन्ध में अपनी उक्त धारणाओं को दृष्टि में रखकर चले हैं।

सन्दर्भ

1. डॉ. रामदरश मिश्र : 'मतान्तर' प्रवेशांक, मार्च 1970, सं. आनन्द प्रकाश, डॉ. राजकुमार शर्मा, राजेन्द्र पाल, प 2-27

2. राजीव सक्सेना 'मतान्तर' प्रवेशांक, मार्च 1970, पृष्ठ 25
3. लम्बी कविताओं का रचना विधान : डॉ. नरेन्द्र मोहन (सं. डॉ. नरेन्द्र मोहन, दि मै. कं. ऑफ इंडिया लि., नई दिल्ली, 1977), पृष्ठ 3
4. ए. सी. ब्रेडले : 'दि लांग पोइम इन दी एज आफ वर्ड्स्वर्थ : दि पोइम्स एण्ड थियरी एस्सेज आन पोइट्री, आर. गिमले जान्सन द्वारा सम्पादित (आक्सफोर्ड यूनिवर्सिटी प्रेस), पृष्ठ 167
5. 'मतान्तर', पृष्ठ 26
6. वही, पृष्ठ 24
7. वही, पृष्ठ 24
8. वही, पृष्ठ 26
9. लम्बी कविताओं का रचना विधान, पृ. 2
10. "वस्तु और सत्य जब किसी भी रचना में पर्याप्त लगने लगते हैं, दोनों में संयुक्त घोल की सी स्थिति हो जाती है तो इस प्रकार लम्बी कविताओं का निर्माण होता है और कविता की लम्बाई बहुत कुछ इसी घुलनशीलता और पूर्णता के अनुपात में होती है।" —लम्बी कविताओं का रचना-विधान, पृष्ठ 119
11. "...महत्वपूर्ण कवियों ने भी रचना-प्रक्रिया के दौरान काव्यानुभव को वस्तुनिष्ठ वैचारिक आधार से जोड़ने की कोशिश में कविता को लम्बी करने की जरूरत महसूस की।"—लम्बी कविताओं का रचना-विधान, पृष्ठ 185
12. 'मतान्तर', पृष्ठ 26
13. लम्बी कविताओं का रचना-विधान, पृष्ठ 3
14. डॉ. रघुवंश : 'कल्पना', 263 (सं. बदरीविशाल पित्ती आदि; अप्रैल, 1974), पृष्ठ 55
15. समीक्षा के नये प्रतिमान : डॉ. सुखबीर सिंह (तक्षशिला प्रकाशन, नई दिल्ली, 1977), पृष्ठ 132
16. चाँद का मुँह टेढ़ा है : मुक्तिबोध (भारतीय ज्ञानपीठ प्रकाशन, वाराणसी, 1964), पृष्ठ 164
17. तलघर : प्रमोद सिन्हा (लोकभारती प्रकाशन, इलाहाबाद, 1970), पृष्ठ 5
18. "It follows that in a long poem some parts may be deliberately planned to be less 'Poetic' than others, these passages may show no luster when extracted, but may be intended to elicit by contrast the significance of other parts and to unite them into a whole more significant than any of the parts. A long poem may gain by the widest possible vUriations of intensity."
    T.S. Eliot : To Criticize The Critic And Other Essays, (Febber And Febber, London, 1965), P. 34.
19. दो चट्टानें : बच्चन (राजपाल एण्ड सन्ज, दिल्ली, 1965), पृष्ठ 165।
20. "कविता लिखने से पूर्व मैंने सोचा था कि मैं सिसिफस के बरक्स हनुमान को वस्तुसत्य, तर्क और बौद्धिकता के आधार पर प्रस्तुत कर सकूँगा, पर लिखना आरम्भ करते ही कल्पना, भावना और संस्कारों ने मुझे पकड़ लिया और अन्त तक नहीं छोड़ा..."—वही, पृष्ठ 164-165
21. लम्बी कविताओं का रचना-चिधान, पृष्ठ 8
22. वही।
23. नाटक जारी है : लीलाधर जगूड़ी, (अक्षर प्रकाशन, दिल्ली, 1972), पृष्ठ 136
24. वही।
25. लम्बी कविताओं का रचना-विधान, पृष्ठ 10
26. डॉ. रामविलास शर्मा : लम्बी कविताओं का रचना-विधान, पृष्ठ 52
27. देखें—आधुनिक हिन्दी कविता में विचार : डॉ. बलदेव वंशी; दि मैकमिलन कम्पनी, नयी दिल्ली; 1982

दर्शनक्षेत्र का तनावरहित द्वन्द्व*

'परिवर्तन' छायावाद के ललित-कान्त कवि पन्त की लम्बी कविता है। इस लम्बाई के आयाम दिक् और काल भी हैं और आकार भी। कुल 32 खंडों में जागतिक परिवर्तन के विभिन्न दृश्यों-क्रियाओं-दशाओं का चित्रण करने के उपरान्त कवि इस विचार-धारणा पर पहुँचता है :

> *"अचिर विश्व में अखिल, दिशावधि, कर्म, वचन, मन,*
> *तुम्ही चिरंतन*
> *अहे विवर्तनहीन विवर्तन!"*

परिवर्तन के इस सर्वशक्तिमान, सर्वव्यापक और चिरंतन स्वरूप सम्बन्धी विचार को पन्त ने क्रमशः विकसित-पुष्ट करते हुए जहाँ पहुँचाया है, वहाँ तक की परिवर्तन सम्बन्धी धारणाएँ पहले ही प्रतिष्ठित-प्रचलित मिलती हैं। जीवन की क्षणभंगुरता, नश्वरता एवं पुनः प्रवर्तनशीलता के विचार को पाश्चात्य दर्शन ने तथा आत्मा की अनश्वरता एवं अजरता-अमरता को उपनिषद्, गीता, रामायण, वेदान्त-दर्शन आदि ने बार-बार दोहराया है। पन्त ने प्रस्तुत कविता में विदेशी-स्वदेशी दार्शनिक विचारों को अपनी रागात्मकता-अनुभूति-सम्वेदना से सम्बलित करके विभिन्न रूपकों द्वारा एवं बिम्ब-विधान के माध्यम से चरितार्थ किया है। मानवीय करुणा-वेदना की आर्द्रता से वैचारिक रुक्षता को तरल बनाया है। दार्शनिक विचार की वर्तमान वायवीयता को रागात्मक संस्पर्शों से ठोस मानवीय सन्दर्भों में बाँधकर दूरी की खाई को भरा है और परिवर्तन सम्बन्धी धारणाओं का क्रम देने वाले अन्तः-सूत्रों में बाँधा है। अनुभूति-विचार की एक केन्द्रीय स्थिति एवं नाभिकधुरी प्रदान की है।

* परिवर्तन (कविता-संग्रह : पल्लव, 192) : सुमित्रानन्दन पन्त।

इस सारे संयोजन—32 खंडों में विभाजित संख्यांकित अंशों की भीतरी गति-स्थिति को सूक्ष्मता से परखने पर जहाँ नियोजन एवं विकास का सायास गठन दिखाई देता है वहाँ अपनी परिणति में परिवर्तन का विराट् बिम्ब साकार हो उठता है। अपने समय-रुझान (छायावादी भावना-कल्पना) के अनुसार पन्त ने जीवन-वैभव को जुटाया है। भावना आदि को संयमित करने में कतर-ब्यौंत की है और एकत्र की हुई ज्ञानात्मक सामग्री को संयोजित किया है। इस सम्बन्ध में कवि कथन है—" 'परिवर्तन' में जहाँ भावना का क्रिया-कम्पन तथा उत्थान-पतन अधिक है, जहाँ कल्पना उत्तेजित तथा प्रसारित रहती है, वहाँ रोला आया है, अन्यत्र सोलह मात्रा का छन्द। बीच-बीच में छन्द की एकस्वरता तोड़ने तथा भावाभिव्यक्ति की सुविधा के अनुसार उसके चरण घटा-बढ़ा दिए गए हैं।"[1] यह भी द्रष्टव्य है कि छन्द कौशल एवं भावाभिव्यक्ति के संयोजन के बावजूद संरचनात्मक दरारें साफ दिखाई देती हैं।

कविता की आरम्भिक पाँच संख्याओं में परिवर्तन विषयक घटनाओं के उल्लेख हैं और पुरातन को 'स्वर्ण' एवं 'पूर्ण' का काल माना गया है। पहली संख्या में जगती का भाल, ज्योति-चुम्बित बताया है और धरा पर 'स्वर्ग की सुषमा' का वर्णन है। पुरातन काल में यहाँ अपार ऋद्धि और सिद्धि थी, तथा :

"दुरित, दुख दैन्य न थे तब ज्ञात,
अपरिचित जरा-मरण भ्रू पात।"

दूसरे खंड में विपरीत का दृश्यांकन है। जीवन भार है, सोने के प्रात को संसार की संध्या की ज्वाल जला देती है। अखिल यौवन की जगह हड्डियों के हिलते कंकाल हैं तथा :

"गूँजते हैं सबके दिन चार,
सभी फिर हाहाकार।"

इस तरह हम देखते हैं कि कवि ने जीवन-मरण, बचपन-जरा, चाँदनी-अँधकार, मिलन-विरह, हँसी-रोदन, सुख-दुख, जन्म-मृत्यु के विपरीतों को एकत्र करके जगत् में प्रकृति-प्रतीकों और घटनाओं के माध्यम से परिवर्तन के सहजलब्ध परिज्ञान को हमारे सामने प्रस्तुत किया है, जहाँ परिवर्तन के प्रभाव-स्वरूप समुद्र का मन सिसक उठता है और उडुगन सिहर उठते हैं। जीवन में घटित होने वाले इस परिवर्तन के व्यापक-गहन अहसास को जगाने के लिए कवि ने प्रकृति के कोमल सूक्ष्म,

सुन्दर, भावनामय, गहन एवं विशाल—सभी प्रकार के भावों को तदनुकूल प्रतीकों के माध्यम से प्रतीकित किया है, जो परपम्रागत रूप से सिद्ध हैं।

इन पाँच संख्याओं के उपरान्त संख्या छः के आरम्भ में, कवि ने पूर्व वर्णनों के आधार पर एक धारणा बनाई हैं और समूचे विश्व में उसके करुण विवर्तन को देखा है। सम्पूर्ण उत्थान-पतन में उसी की शक्ति को माना है। यहाँ से ऐसे रूपकों के माध्यम से काव्य-फलक का विकास हुआ है, जिसमें मनुष्य को उत्पीड़ित करने, कुचलने, रुलाने, रौंदने की अपार शक्ति-सामर्थ्य मौजूद है। इन रूपकों में 'तांडवरत शिव', 'सहस्र फन वासुकि', 'नृशंस नृप' तथा 'अकरुण काल के भृकुटि विलास' के माध्यम से विराट्-विस्तृत सन्दर्भों-सूत्रों-संकेतों का सर्वांग चित्रण करके परिवर्तन के नृशंस रूपों-कार्यों-छवियों को मूर्त किया है।

संख्या ग्यारह-बारह से कवि अधिक चिन्तनपरक हो गया है। समूचे जीवन को 'दुर्बल भ्रान्ति' मानकर प्रश्न करता है...'कहाँ नश्वर जगती में शान्ति?' तथा 'जगत अविरत जीवन संग्राम' है। इस प्रश्न एवं स्थापना में कवि की चिन्तनपरक मानसिकता झलक उठती है। वह गहरे में जगत की बाह्य घटनाओं से किन्हीं परिणामों को दोह लेना चाहता है, जहाँ आज 'अपार गर्वोन्नत हर्म्य' एवं 'रत्न दीपावलियाँ' हैं, वहीं कल भग्न-विहार उलूकों-झिल्लियों की झंकार व्याप जाएगी। जीवन की इस भंगुरता एवं नश्वरता से निराशा की नहीं, संघर्ष की धारणा को उठाता है। किन्तु जहाँ प्रश्न में उत्तर का आभास छिपा है वहीं 'संघर्ष' के इस उत्तर में प्रश्नाकुलता अपनी निरन्तरता समाप्त नहीं करती। जीवन के करुण-वेदनामय चित्रों की शृंखला और आगे बढ़ती है। किन्तु इन चित्रों में से उभरी विषाद-निराशा की परिणतियों-स्वरूप यह धारणा भी साथ हो लेती है कि जब यह समूचा संसार और जीवन विनष्ट होने के लिए ही बना है, तब इससे विषाद या निराशा ही क्यों? परिवर्तन जगती-विस्तार नापता स्वेच्छाचारी वामन-डग है, निज-बाल निंगलने वाला दैत्य है। खर-शस्त्रों की झंकार छोड़कर संसार महाभारत गाता रहता है। इतना ही नहीं...यहां युद्ध-विनाश, रुधिर के प्रातः, चितानल के सायंकाल, निःश्वासों के आकाश तथा आंसुओं के समुद्र हैं। सुख सरसों जैसा नगण्य है तो शोक सुमेरु पर्वत जैसा भीमाकार! किन्तु अन्त में कवि सारे चीत्कार को वृथा कहकर यह स्थापना देता है कि सुख-शान्ति की कल्पना-इच्छा भी इस जीवन में व्यर्थ है। 'उस पार' यानी इस जीवन के बाद—पुनः आत्मरूप हो जाने में, परमात्मतत्व में विलीन होने में—'आध्यात्मिक उपलब्धि' में सुख-शान्ति है। यहाँ तक पहुँचने में पन्त ने ऋग्वैदिक धारणाओं-विचारों को आधार बनाया है, जिनमें मनुष्य की

जीवन-लीला को इसी दैहिक सीमाओं में समाप्त न मानकर मृत्युपरान्त जीवन में विश्वास व्यक्त किया है। 'उस पार' की धारणा छायावादी रहस्यवाद की एक प्रमुख धारणा भी है जो पन्त के अतिरिक्त अन्य प्रमुख छायावादियों द्वारा भी प्रयुक्त हुई है। भारतीय दार्शनिक विचार की इस स्थापना में जहाँ देह नगण्य और आत्मा मुख्य, वहाँ दैहिक दुःख-दर्द, पीड़ा-वेदना को भी तुच्छ माना गया है, बल्कि आत्मविकास के लिए अनिवार्य सोपान तक स्वीकार किया गया है। पन्त के इस अध्यात्म चिन्तन एवं दार्शनिक विचारण का आधार उनका वह गहन चिन्तन-मनन है जो उन्होंने सन् 1922 से 26 के मध्य किया। "सन् 22 से 26 तक पन्त का जीवन प्रमुखतः अन्तर्मन्थन एवं चिन्तन-मनन और विचार-संघर्ष का जीवन रहा।"[2]—तथा "विविधान्थाँ जिज्ञासाओं का समाधान करने के लिए पन्त ने इस बीच अनेक ग्रंथों—उपनिषद्, गीता, रामायण, राम-कृष्ण वचनामृत, विवेकानंद, रामतीर्थ, पतंजलि, योगवाशिष्ठ्य, रस्किन, टालस्टॉय, कार्लाइल, थोरो, इमरसन आदि का गम्भीर अध्ययन किया।"[3] इस ज्ञान-चिन्तन से उत्पन्न समाधानों को पन्त ने अपने जागतिक उद्वेलनों के समाधान के रूप में, इस कविता में, अन्त में आकर स्वीकार कर लिया है।

छायावादी रहस्यभावना की छवि 'परिवर्तन' के अन्तिम भाग में व्यक्त परिवर्तन की सर्वव्यापकता, सार्वकालिकता, एवं सर्वशक्तिमत्ता का स्वरूप बहुत कुछ मिलता-जुलता है। अज्ञात, अपार, अनूप, अधिकार, सत्य, दिव्य सत्ता के समकक्ष नहीं तो उसकी इच्छा का फल—यह परिवर्तन जरूर लगने लगता है। जीव अपनी देह केंचुलि को त्यागकर जैसे नई देह धारण करती है—नव वस्त्र अपनाती है, उसी प्रकार का यह जागतिक जीवन है। जहाँ :

"हमारे काम न अपने काम,
नहीं हम, जो हम ज्ञात,
अरे निज छाया में उपनाम
छिपे हैं हम अपरूप,
गँवाने आए हैं अज्ञात
गँवाकर पाते स्वीय स्वरूप!"

हमारी इच्छा-आकांक्षा का कोई अर्थ नहीं। हम अपने इस छायामय रूप (माया रूप शरीर) में छिपे हैं जिसे खोकर हम पुनः अपना स्वीय स्वरूप प्राप्त करते हैं। जागतिक-भौतिक मूल्य-सत्ता को खोना आध्यात्मिक सत्ता को पाना है।

इसलिए कष्ट-कलेश, पीड़ा, रुदन, आत्म-शोधन के तत्व हैं। 'नवलता ही जग का आह्लाद' (!) है तत्व परिवर्तन तो क्षण-क्षण इसी नवलता को लाने वाला है। जीवन के चार चरण—शैशव, यौवन, प्रौढ़ता एवं वृद्धावस्था इसी नवलता को ही प्रकट करते हैं। यथा :

"एक बचपन ही में अनजान
जागते-सोते, हम दिनरात,
वृद्ध बालक फिर एक प्रभात
देखता नव्य स्वप्न अज्ञात,
मूँद प्राचीन मरण
खोल नूतन जीवन!"

बचपन यदि जीवन का 'अनजान' पक्ष है तथा 'वृद्ध बालक—फिर एक प्रभात/देखता नव्य स्वप्न अज्ञात' की धारणा मृत्युपरान्त जीवन की वैदिक धारणा की पुष्टि करती है। कविता की अन्तिम संख्या (32) की इस पंक्ति में स्पष्ट उल्लेख है—"तुम्हीं में निराकार-साकार, मृत्यु जीवन सब एकाकार।" जीवन इस 'त्रिगुण संसार में व्यर्थ के 'भ्रम मिथ्याहंकार' में पड़ा रहता है, जबकि उसका जन्म-जीवन उसके 'अपने काम' नहीं हैं। परिवर्तन की अचिर, अखिल एवं चिरंतन स्थिति-सत्ता को कविता की अन्तिम पंक्तियों में जिस प्रकार व्यक्त किया गया है, उससे 'परिवर्तन' प्रकृति व्यापार का और फिर आध्यात्मिक सत्ता का अंग सिद्ध होता है :

"अचिर विश्व में अखिल, दिशावधि, कर्म, वचन, मन,
तुम्हीं चिरन्तन
अहे विवर्तन हीन विवर्तन!"

समूची कविता में एक वैचारिक-दार्शनिक तटस्थता लक्षित होती है। परम्परित प्रबन्धात्मक स्वरूप निरपेक्ष इस कविता में कल्पना व्यवहार सर्वाधिक सहायक होकर उभरा है। यह सही है कि कविता की नाभिकीय धुरी में, जो स्थापना-निर्णय समक्ष आता है उसकी प्रकृति भावावेगमयी न होकर दार्शनिक-वैचारिक है। दार्शनिक इन अर्थों में भी कि समूचे जीवन-दर्शन को पोषित-प्रभावित करने वाले चिरन्तन दर्शन की एक प्रपत्ति ही चरितार्थ हुई है। आत्मपरक सोच और भावावेगी रवैये ने दूरस्थ जीवन-सूत्रों-तथ्यों को, सम्भव करने में कल्पना-तत्व का मुखर संयोग

प्राप्त किया है। यों 'परिवर्तन' में छायावादी कविता-दृष्टि की पहचान सहज उपलब्ध है। इस कविता में रहस्यानुभूति रोमांटिकता, प्रगीतात्मकता विद्यमान है। 'परिवर्तन' के व्यापक दृश्य फलक को संयोजित करने में कल्पना और विचार का सन्तुलन भी कारगर रहा है। दर्शन-क्षेत्र का तनावरहित द्वन्द्व-तनाव, चिन्तनपरक दृष्टि, विविध दार्शनिक धारणाओं की रागात्मक उपस्थिति, जीवन-जगत् के बिम्ब-प्रतीक रूपक के माध्यम से उभरे विराट् दृश्य चित्र के कारण यह आधुनिक काल की एक लम्बी कविता कही जा सकती है, किन्तु, 'विशिष्ट लम्बी कविता' नहीं।

सन्दर्भ

1. पल्लव : भूमिका से।
2. शान्ति जोशी : 'सुमित्रानन्दन पन्त : जीवन और साहित्य' (दिल्ली, 1970), पृष्ठ 166
3. वही; पृष्ठ 163

नारी–मन का भावनात्मक द्वन्द्व*

वैयक्तिक जीवन की विडम्बना का उन्मुक्त करुण नृत्य सम्भवतः भावना की रंगस्थली पर ही अपनी उत्कृष्टता सिद्ध करता है और सहृदय के रोमांच में नृशंस अट्टहास बिखेरता निर्लिप्त गुजर जाने के साथ चेतना में अपनी गहरी अनुगूँज छोड़ जाता है। दोमुँही कांक्षा (सांस्कृतिक एवं वैयक्तिक चेतना) व्यक्ति के जीवन को किस हद तक लोभी, कातर और करुणास्पद बना डालती है। उसे तोड़ती और ध्वस्त करती है। बचाव में खड़े किए गए सारे तर्क-आधारों को अचानक खिसकाकर, गढ़े गए स्वप्न के समूचे ढाँचे को धराशायी बना देती है! व्यक्ति उसे देखता हुआ विवश। हतप्रभ-करुण। स्वप्न-मोह-आत्मछल के बाद आत्मघात तक पहुँचा हुआ। जीवन-लय में से 'प्रलय की छाया' के जिस रूप विधान को प्रसाद ने नियोजित किया है, वह अपनी विडम्बना को लेकर अद्वितीय नहीं, बल्कि जीवन की त्रासद लय के कारण है। जिजीविषा के तीव्र बहाव में बहती जीवन-मृत्यु-प्रतिशोध-प्रेम के थपेड़े खाती चेतना की त्रासद अनुभूति है।

'प्रलय की छाया' की आधार-कथा संक्षिप्त है, किन्तु, उसमें वलयित अनुभूति पेंचदार, विडम्बनापूर्ण और साधन हैं। नाटकीयता के संघात से कथा अत्यन्त मार्मिक बन गई है। आरम्भ में एक निराशा से भरे हुए जीवन के थके हुए दिन की संध्या से साक्षात्कार होता है जो धूसरित क्षितिज में छायी हुई है। इससे कविता की नायिका—कमला के जीवन की गहन्-निराशा-हताशा संक्रमित अर्थहीनता से भर चुकी मानसिकता की सूचना मिलती है। कविता के आरम्भ में कमला अतीत की उस संध्या का स्मरण करती है, जो निर्जन जलधि-वेला में रागमयी-सौरभ से भरी संध्या से रंगरेलियाँ सीखती थी। और दूर कहीं वंशी का रव गूँजता था।

* प्रलय की छाया : (कविता-संग्रह : लहर : 1933) : जयशंकर प्रसाद

इन दो परस्पर विरोधी संध्याओं में समूची कविता की अनुभूति तनी हुई है। दोनों संध्याओं के रंगों-भावों के परस्पर विरोधों 'अनुभवों' में कमला के जीवन की विडम्बना और नियति के क्रूर खिलवाड़ की गूँज भरी हुई है, जिसे अकेली कमला चेतना के धरातल पर भोगती है। यहाँ यह भी ध्यान देने की बात है कि प्रसाद ने 'प्रलय की छाया' में आरम्भ से अन्त तक छह बार 'संध्या' का उल्लेख किया है और हर बार पृथक् स्थिति-सन्दर्भ में। इससे 'प्रलय की छाया' में नियोजित मानवीय स्थिति की विकटता को कहीं अधिक गहन व्यापक-त्रासद अर्थ-सन्दर्भ मिल गए हैं। 'संध्या' स्वयं में प्रकाश तथा अन्धकार के संक्रमण का समय-बिन्दु है। कमला के जीवन में बाहर-भीतर महत्वपूर्ण संघात संध्या को ही घटित होता है। यह अप्रत्याशित नहीं है। संध्या की पुनरावृत्ति और नियोजना कवि द्वारा प्रयुक्त गहन आशयों की ओर संकेत करते हैं।

पहली संध्या—सुख-उल्लास, आमोद-प्रमोदमयी, राग-रंगपूर्ण, मृदुगन्धी, उन्मत्त संध्या है; जिसे कवि थोड़ा विस्तारपूर्वक चित्रित करता है, ताकि बाद में कमला के जीवन-फलक पर विरोधी रंगों को शोख तरीके से उभारकर दिखा सके। नियति के छल एवं प्रवंचना के आघातों की मार्मिकता आँक सके। रागमयी संध्या का समय था, जब गुजरात की रूप-रानी कमला अपने पति गुर्जर नरेश के साथ जीवन-विहार करती, अपने रूप-रंग के गर्व में डूबी थी। अपने अपूर्व सौन्दर्य पर मुग्ध थी। यह रूप-गर्व कमला के जीवन की भावी स्थितियों की ओर संकेत भी करता है :

"कमनीयता थी जो समस्त गुजरात की
हुई एकत्र इस मेरी अंग लतिका में
पलकें मदिर भार से थीं झुकी पड़ती

...चरणों में लोटती थी
विश्व की विभव राशि
और थे प्रणत वहीं गुर्ज्जर महीप भी!
वह एक संध्या थी"

ऐसी व्यतीत संध्या जिसे कमला बड़ी तीव्रता से याद करती है, उसके पीछे छिपा है वह सारा नाटक, जिसे नियति ने कमला के साथ खेल डाला है। रूप-गर्व के साथ पुरुष-हृदय पर शासन करने की लालसा बड़े-बड़े डग भरती हुई बढ़ती गई

है। इसी लालसा की दबी-छुबी छवि उसके अवचेतन में विद्यमान है। उसे अपने रूप की अजय शक्ति पर कितना भरोसा है :

"नारी के नयन! त्रिगुणात्मक ये सन्निपात
किसको प्रमत्त नहीं करते?
धैर्य किसका ये नहीं हरते?"

इस विश्वास और भरोसे की पृष्ठभूमि में एक परिवर्तन घटित होता है। दिल्ली के सुल्तान ने गुजरात पर आक्रमण कर दिया। सुल्तान के क्रोध की दावानल में गुजरात जल उठा। बालकों, वृद्धों, रमणियों के करुण क्रन्दन से गुजरात गूँज उठा। देश को ऐसी विपत्ति की स्थिति में पड़ा देख कमला भी फाँद पड़ी। उसके वीर पति उसे रणांगन में देखकर प्रसन्न थे। किन्तु राजा की पराजय हुई। दोनों को निर्वासित होना पड़ा। निर्वासन में दोनों शरण खोज रहे थे कि तभी तुर्कों का एक दल झंझावात-सा आया। गुज्जरेश लड़ते हुए दूर निकल गए। कमला बन्दी बना ली गई। यहाँ से कमला के आत्म-संघर्ष को एक मोड़ मिलता है। कमला, रानी पद्मिनी की तरह, जो कि ऐसी ही स्थितियों में जौहर की ज्वाला में कूदकर भस्म हो गई थी, जौहर नहीं रचाना चाहती, बल्कि उसका कथन है :

"पद्मिनी जली थी स्वयं किन्तु मैं जलाऊँगी
वह दावानल ज्वाला
जिसमें सुल्तान जले"

रानी कमला सोचती है—पद्मिनी ने जौहर में जलकर जीवन का अन्त करके भूल की थी, किन्तु मैं उस भूल को सुधारूँगी। उसने सुल्तान को अपनी रूपासक्ति में जलाकर मारने, प्रतिशोध लेने और मरने की प्रतिज्ञा ले ली। उसने स्वयं तुर्क सैनिकों को; उसे ले चलने को कहा। यहीं कमला अपनी टिप्पणी करती है :

"वाह री! विचित्र मनोवृत्ति मेरी!
कैसा वह तेरा व्यंग्य परिहास-शील था
उस आपदा में आया ध्यान निज रूप का।"

"यह ऐश्वर्य की दुलारी, प्यारी क्रूरता थी
एक छलना-सी, सजने लगी थी संध्या में।"

मनोवृत्ति की विचित्रता। इस विचित्रता का नियतिमय व्यंग्य-परिहास-शील बर्ताव ही है कमला के साथ कि उसे आपदा में अपने रूप का ध्यान हो आया है। स्थिति से बचाव का एक रास्ता जो विडम्बना की ओर ले जाता है। सुल्तान के सामने जाने पर कमला ने प्रतिशोध लेने—अपना जीवन समाप्त करने का प्रयत्न किया किन्तु असफल रही। बाद में जीवन का इस प्रकार अन्त करने का उत्साह भी जाता रहा। वह सोचने लगी—"जीवन में सौभाग्य है! जीवन अलभ्य है।" उसमें जीवन जीने की अदम्य आकांक्षा बार-बार अपना तर्क प्रस्तुत करती है। "जीवन अनन्त है", "जीवन ही प्यारा है, जीवन सौभाग्य है।" इस तर्क-सूत्र के भिन्न-भिन्न रूप-आकारों में कमला स्वयं के लिए जीने का आधार खोजती है। फिर :

"एक दिन, संध्या थी,
मलिन उदास मेरे हृदय पटल-सा
लाल-पीला होता था दिगन्त निज क्षोभ से।"

मलिन-उदास मनःस्थिति में 'लाल-पीला' होते, क्षुब्ध-दिगन्त के रंगों का सम्मिश्रण है। तभी सहसा बचपन का अनुचर 'मानिक' युवक आया, जिसे तातारी दासियों ने पकड़ रखा था। सुल्तान भी आए, उसे मृत्यु-दंड सुनाया। कमला ने अनुनय कर उसे छुड़वा दिया। स्वयं इस अनुग्रह के भार से दब गई :

"हाय रे हृदय! तूने
कौड़ी के मोल बेचा जीवन का मणि-कोष!"

"किन्तु किस युग से वासना के बिन्दु रहे सींचते
मेरे संवेदनों को।"

व्यक्ति के समूचे व्यवहार-सोच की जड़ें उसके संवेदनों में निहित रहती हैं। कमला स्वीकार करती है कि उसके संवेदनों को वासना के बिन्दु सींचते रहे हैं। 'किस युग से' कहकर प्रसाद ने कमला के द्वारा समूची नारी-जाति और नारी से समूची मनुष्य-जाति के स्वभाव की मूल-प्रवृति को रेखांकित कर दिया है। व्यक्ति की संवेदनाएँ, उसकी वासनाओं (मनोवैज्ञानिक अर्थों में) की अनुचर होती हैं। अतः अपनी दुर्बलता को अवलम्ब और प्रलोभनों को सत्य मानती हुई शासन की कामना में मतवाली हो कमला झूमती है। तभी उसे गुज्जरिश-कर्णदेव का सन्देश मिला कि कमला अपना जीवन समाप्त कर दे। किन्तु कमला के मन में जीवन-तर्क गूँजता है :

"उस प्रत्यावर्तन में प्राण जो न दे सके, हाँ
जीवित स्वयं हैं।"
"जीयें फिर क्यों न अपनी ही आशा में?"

यह यासना का छद्म दबाव एवं प्रभाव है, जिसके तहत कमला को पति के प्रेम में भी अविश्वास दीख पड़ता है। "प्राणों का लोभ उन्हें फिर क्यों बचा सका? प्रेम कहाँ मेरा था? और मुझमें भी कैसे कहूँ शुद्ध प्रेम था।" जिस रूप ने उसे गुजरात की रानी बनाया था, वही कमला को भारतेश्वरी का पद लेने को प्रेरित करता है। फिर एक दिन काफूर ने सुल्तान अलाउद्दीन का छल से वध कर दिया और स्वयं राजा बन बैठा—"वह एक रक्तमयी संध्या थी।" फिर मानिक ने उसका भी अन्त कर दिया और खुसरू के नाम से स्वयं शासन ग्रहण किया :

"उस दिन जान सकी अपनी मैं सच्ची स्थिति
मैं हूँ किस तल पर?
सैकड़ों ही वृश्चिकों का डंक लगा एक साथ
मैं जो करने थी आयी
उसे किया मानिक ने।"

मानिक की इच्छा-शक्ति कर्मोन्मुख हो प्रतिशोध लेने में सफल हुई, कमला की इच्छा-शक्ति वासनोन्मुख होकर कायर-कातर-सुखभोगी बनती गई। कमला जो अद्वितीय रूपलावण्य का गर्व एवं चेतना-सम्पन्न है, के कातर-कलुष अध्याय से प्रसाद किन्हीं वृहत्तर निष्कर्मों को दोहकर प्रस्तुत करना चाहते हैं, इसके लिए उन्होंने ऐतिहासिक-सांस्कृतिक पृष्ठभूमि के साथ रूपगुण-सम्पन्न कमला को चुना है।

इतिहास के अदोष या सदोष (कविता में पद्मिनी को कमला के पहले चित्रित करना) का सवाल यहाँ उतना अर्थ नहीं रखता, जितना एक विशिष्ट अनुभव को रूपायित करना। व्यक्ति की सांस्कृतिक चेतना के साथ अवचेतन की प्रबल एषणाओं की टकराहट तथा त्रासद अनुभूति को रूपायित करना। प्रसाद व्यक्ति के वैशिष्ट्य को, उसकी सांस्कृतिक चेतना के सरोकारों के मानवीय पक्षों को सदा समक्ष लाए हैं। उनकी ऐतिहासिक कहानियों-नाटकों में इस तथ्य के प्रमाण विद्यमान हैं। घटनाओं के बाह्य रूपों-पक्षों की पृष्ठभूमि में कार्यरत सांस्कृतिक विशिष्टता संवलित व्यक्ति-चेतना की बनावट को भी महत्व देते हैं। 'प्रलय की छाया' में भी प्रसाद बाह्य, घटना की अपेक्षा भीतरी 'जीवन लय' को 'प्रलय की लय-चेतना'

तक झूलते हुए दिखाते हैं। व्यक्ति के हृदय की बनावट और वृत्तियों के स्वरूप को, मूल संवेदनों और वासनाओं (एषणाओं) की प्रकृति को उद्‌घाटित करते हैं। व्यक्ति के भाव, विचार, व्यवहार की पहचान ही नहीं, उसके समूचे जीवन में विसंगतियों के रंग भरने वाली कारक-वृत्तियों को भी रेखांकित करते हैं। व्यक्ति, समाज, इतिहास एवं संस्कृति की अन्तःसंघटनाओं की गहरी पहचान रखने के कारण ही प्रसाद 'प्रलय की छाया' में अनेक स्तरीय अनुगूँजें भर सके हैं। व्यक्ति कमला के जीवन में घटित होने वाली प्रत्येक नाटकीय स्थिति को वह पहले ही संकेतित कर देते हैं, तो बाहरी संघर्ष में, भावना के कर्मोन्मुख पक्ष को विजयी होता प्रदर्शित करते हैं, वासनोन्मुख नहीं। 'जीवन का तर्क' व्यक्ति को वासना एवं स्वार्थ की भूमि पर ले जाकर अकेला करके कमला की तरह 'प्रलय की छाया' में धकेल सकता है, जहाँ सांस्कृतिक चेतना झूठी सिद्ध हो जाती है और वासना उभर आती है तो दूसरी ओर सांस्कृतिक चेतना का कर्मोन्मुख रूप प्रतिशोध लेने में भी सफल होता है, मानिक के माध्यम से, और सार्थक भी।

नाट्य की आत्मालाप शैली में लिखी गई इस लम्बी कविता की अन्तर्वस्तु में नाटकीय स्थितियों, मनःस्थितियों की संयोजनापूर्ण टकराहट से होने वाली गूँज ने समूची कविता की अर्थ-ध्वनि को, अन्त तक आते-आते, एक नया आयाम प्रदान किया है। विडम्बना के अनुभव की भावनापूर्ण प्रस्तुति में यह कविता सचमुच बेजोड़ है। काव्य तात्विक दृष्टि से छायावादी विशिष्ट भावना-कल्पना के नियोजन में प्रस्तुत संश्लिष्ट अनुभूति का आस्वाद प्रस्तुत किया है। कहाँ तो प्रतिशोध का गर्वपूर्ण रिक्त भाव और कहाँ व्यक्ति का जीवन के अर्थ-सार से रिक्त हो जाना :

> *"किन्तु क्या मनुष्यता भी मुझमें रही नहीं*
> *इतनी मैं रिक्त हूँ?"*

वैचारिक द्वन्द्व-तनाव-निर्णय की अपेक्षा वैयक्तिक भावना-द्वन्द्व एवं तनावपूर्ण मनःस्थितियों की टकराहटों, चेतनागत संघातों में घिरती हुई 'प्रलय की छाया' संवेदनात्मक उद्देश्यों की भावनामयता के कारण अद्वितीय रचना है।

अन्धकार की विराटता को चुनौती*

यह कोई संयोग मात्र नहीं कि आधुनिक युग की जितनी भी बड़ी-लम्बी रचनाएँ उपलब्ध होती हैं, उनमें 'अन्धकार' की विराटता को चुनौती देने वाला संघर्ष भी उतना ही विराट् है। राम की शक्तिपूजा (निराला), अन्धायुग (धर्मवीर भारती), अँधेरे में (मुक्तिबोध), प्रभृति कविताओं को समक्ष रख उक्त निष्कर्ष पर सहज ही पहुँचा जा सकता है। और इस अन्धकार के अंत्वीय सन्दर्भों की व्यापकता-प्रासंगिकता के आधार पर ही मूल्यांकन भी किया जा सकता है।

'राम की शक्तिपूजा' में राम के समक्ष जो विराट् अन्धकार उपस्थित है, उसमें वर्तमान युग का चेहरा-चरित्र स्वतः प्रकट है। इस अन्धकार में आधुनिक युग की मानवीय त्रासदी के वे पक्ष उद्घाटित हुए हैं, जो मूल्यों के स्तर पर बाह्य से अधिक भीतर घमासान मचाए हुए हैं। इस कारण राम की शक्तिपूजा का आरम्भ इस अभिप्राययुक्त सांकेतिक कथन से हुआ है :

'रवि हुआ अस्त, ज्योति के पत्र पर लिखा अमर
रह गया राम-रावण का अपराजेय समर
आज का,...'

राम-रावण का आज का अपराजेय समर 'ज्योति' के पत्र पर लिखा रह गया। रवि अस्त हो गया। यहाँ से यह बाहरी मूल्यपरक युद्ध भीतरी अक्षांशों में उतर आया। 'रवि अस्त हो गया' संकेतव्यंजना द्वारा कवि ने बता दिया कि अन्धकार घिर आया है। आज का युद्ध निर्णायक नहीं रहा। आगे फिर युद्ध होगा—युद्ध जारी रहेगा अन्तिम निर्णय तक। अभी तो वानरवाहिनी खिन्न है। अपने नायक सहित 'चिन्ता-पल' में डूबी है। दूसरी ओर :

* राम की शक्तिपूजा : (कवित-संग्रह, अनामिका) 1973 : सूर्यकान्त त्रिपाठी 'निराला'

'...राक्षस-पद-तल पृथ्वी टलमल
बिन्ध महोल्लास से बार-बार आकाश विकल'

राक्षस-सेना उल्लास में है। उनकी पदचापों से पृथ्वी कम्पित है। उनकी उल्लसित हुंकारों से आकाश विकल है। पृथ्वी-आकाश में राक्षसी उल्लास का दबदबा है। इस राक्षसी अंधकार—तामसिक सत्ता के विस्तार के सम्मुख सात्विक सत्ता एवं मूल्य अभी निरस्त हैं। उनके सामने :

'है अमा-निशा, उगलता गगन घन अन्धकार,
खो रहा दिशा का ज्ञान, स्तब्ध हैं पवन-चार,
अप्रतिहत गरज रहा पीछे, अंबुधि विशाल,
भूधर ज्यों ध्यान-मग्न, केवल जलती मशाल।'

अमावस की रात्रि का इतना प्रगाढ़ अन्धकार छाया है धरती पर कि उसे और निबिड़ बनाने में आकाश भी पीछे नहीं रहा। आकाश भी ऐसा लग रहा है मानो सघन अन्धकार उगल रहा हो। ऐसे में दिशा का ज्ञान नहीं सूझ रहा। वायु-तत्व भी स्तब्ध-हतप्राय है। यह बाह्य युद्ध राम के निराशाकुल मन के भीतर उतर आया है। भीतर संघर्ष को व्यक्त करने वाले प्रतीक हैं—'गरजता विशाल अंबुधि', 'ध्यान-मग्न भूधर', 'जलती मशाल'। गरजता हुआ विशाल सागर पीछे है—यानी यह संघर्ष भीतर अवचेतन की गहराइयों तक व्याप्त है। प्रकटमन अन्धकार को समक्ष पाकर समाधान में निमग्न है—मानो ध्यान की स्थिति में है और केवल निजी चेतना ही आलोक देती हुई मशाल है। मूल्यों के धरातल पर इस विराट् अन्धकार को समक्ष पाकर राम संघर्ष में जूझ रहे हैं। निराला ने आज के मानवीय संघर्ष की गहनता और निबिड़-विशालता का आयाम प्रस्तुत किया है। कविता के उत्तरार्द्ध में योगसाधना-पद्धति की चर्चा है। राम द्वारा शक्ति की मौलिक कल्पना-आराधना हेतु योगसाधना के अन्तर्गत राम का मन विविध चक्रों का भेदन करता हुआ सहस्रार-चक्र तक पहुँचता है। योग के इसी सन्दर्भ को दृष्टिगत रखते हुए ही आरम्भ में मंच-तत्वों के असन्तुलन का उल्लेख हुआ है। पृथ्वी-तत्व कम्पित है, आकाश तत्व विकल, पवन चार स्तब्ध हैं (वायुतत्व) तो अंबुधि विशाल अप्रतिहत गरज रहा है (जलतत्व), ऐसे में केवल जलती मशाल (अग्नि तत्व)—जो अत्यन्त क्षीण है। अतः हम पाते हैं कि पाँचों तत्वों में एक प्राकृतिक सन्तुलन आज अनुपातहीन एवं असन्तुलित हो आया है।

अन्धकार के बहुआयामी आकार और व्याप्ति के परिज्ञान के उपरान्त हम राम को संशय में घिरा पाते हैं। संशय विचार-प्रक्रिया का पहला द्वार है। निराश मनःस्थिति संशय के बाद भय तक भूलती है। संशय और भय के ये सन्दर्भ राम को सजीव मानवीय धरातल के उस कमजोर मंच पर ला खड़ा करते हैं, जहाँ निस्सहायता की—असमर्थता की—दस्तकें और प्रकटतः हार की कल्पनाएँ मुँह-बाये खड़ी मिलती हैं :

'स्थिर राघवेन्द्र को हिला रहा फिर-फिर संशय
रह-रह उठता जग जीवन में रावण-जय-भय
जो नहीं हुआ आज तक हृदय रिपुदम्य-श्रांत,
एक भी, अयुत-लक्ष-में रहा जो दुराक्रान्त,
कल लड़ने को हो रहा विकल वह बार-बार,
असमर्थ मानता मन उद्यत हो हार-हार'

स्थिर राम संशय में इस कारण भय से हिल रहे हैं, क्योंकि 'जग-जीवन में रावण की जय का भय' सदा के लिए स्थापित हो जाने की आशंका है। इस भय, आशंका और हार के पीछे व्यक्ति की हार-जीत के सन्दर्भ नहीं, अपितु 'जग-जीवन' की चिन्ता है। इसलिए यह अन्धकार युगों से विकसित होते आ रहे असद् के रूप में उभरता है और राम का संघर्ष सद् की चिन्ता और संघर्ष में परिणत हो जाते हैं। राम के शब्दों में, कवि ने प्रकटतः कहा भी है :

'यह नहीं रहा नर-वानर का राक्षस से रण,
उतरीं पा महाशक्ति रावण से आमंत्रण,
अन्याय जिधर, है उधर शक्ति...'

शक्ति आज अन्याय के साथ है। व्यापक, सघन अन्धकार घिरा हुआ है। राम स्वयं को असमर्थ मान रहे हैं। मन हार मानने को बाध्य है :

'ऐसे क्षण अन्धकार घन में जैसे विद्युत्
जागी पृथ्वी-तनया-कुमारिका-छवि, अच्युत
देखते हुए निष्पलक,...'

पृथ्वी तनया की छवि का ऐसे घन अन्धकार में कौंध जाना...पुनः पंचतत्वों की ओर इंगित है। आकाश यदि 'पिता-पक्ष' कविता में प्रयुक्त है तो पृथ्वी माता-पक्ष

(पौराणिक मिथक) माना जाता है। इस कारण 'पृथ्वी-तनया' शब्द भी साभिप्राय प्रयुक्त हुआ है।

संशय, भय और हार की आशंका तथा शक्ति द्वारा रावण के पक्ष को लेकर राम के ज्योतिर्मय सारे अस्त्रों को बुझाकर क्षीण कर देने से राम में जो गहरा द्वन्द्व और तनाव उभरता है, जिसके फलस्वरूप राम की आँखों से अश्रु तक ढरक पड़ते हैं, इस द्वन्द्वात्मक तनाव की स्थिति को निराला ने निराशा और पराजय भाव से अभिभूत व्यक्ति की त्रासदी के रूप में अंकित किया है। प्रकृति-पुरुष राम के इस चरण तनाव और विचार सीता का उद्धार न हो पाने के मन में उभरने से होने वाले आघात से प्रकृति में स्वयं संतुलन के लिए तात्विक परिवर्तन होते हैं। ये परिवर्तन मानवीय व्यवहारों...सोच के तरीकों को बदल देते हैं। निराला अध्यात्म और प्रकृति के इस रहस्य को भी यहाँ प्रतिपादित करते हैं। भारतीय धर्म-दर्शन के इस विचार को वह प्रतिपादित करते-से लगते हैं, कि जब-जब अन्याय बढ़ता है तब-तब उसको मिटाने के उपाय प्रकृति स्वयं करती है। राम के अश्रु देखकर हनुमान को उद्वेग हो उठा। उनचासों पवन वाष्प को उड़ा ले गये। राम की निराशा का चरम इस कथन में लक्षित किया जा सकता है :

'करता मैं योजित बार-बार शर-निकर निशित,
हो सकती जिनसे यह संसृति सम्पूर्ण विजित,
जो तेजपुंज, सृष्टि रक्षा का विचार
है जिनमें निहित पतनघातक संस्कृति अपार...'

राम के तेजपुंज बाण बार-बार छोड़े जाने के उपरान्त भी निरस्त होते जाते हैं। रावण जो अधर्मरत है वह शक्ति को अपना लगा है और मैं धर्मरत होकर भी पराया 'रावण अधरमरत भी अपना मैं हुआ अपर' ।...यह कथन राम के तनाव और द्वन्द्व की पराकाष्ठा को द्योतित करता है।

तनाव की इस स्थिति में जाम्बवान का सुझाव प्रस्तुत होता है कि आप विचलित न हों। आप भी यह शक्ति धारण करें। शक्ति का मौलिक कल्पना और पूजन करो। रावण अशुद्ध होकर भी यदि तुम्हें त्रस्त कर सका है तो तुम शक्ति की सहायता से रावण को अवश्य ही ध्वस्त कर लोगे। और राम :

'हो गये ध्यान में लीन पुनः करते विचार'

इस विचारमग्न स्थिति में राम निर्णय पर पहुँच रहे हैं, जो विचार-प्रक्रिया का

स्वाभाविक सोपान है। अब राम आश्वस्त-स्थित हो आए। आवेगरहित राम के मुँह से जो पहले शब्द निकले वे पुनः ज्योति को सम्बोधित हैं :

'मातः, दशभुजा, विश्व-ज्योतिः, मैं हूँ आश्रित,
मैं सिंह, इसी भाव से करूँगा अभिनन्दन।'

राम अन्ततः निर्णय पर पहुँचते हैं। उन्हें समाधान मिल गया है। उनमें संकल्पशक्ति जाग्रत होती है। उन्होंने अपने ज्ञानलोक में ज्योति के स्वरूप और सात्विक सत्ता का साक्षात्कार कर लिया है अपनी कल्पना में। दैवी शक्ति की—दुर्गा की प्रतिमा कला में साकार हो उठती है :

'लख महाभाव-मंगल पद-तल धँस रहा गर्व,
मानव के मन का असुर मंद हो रहा खर्व'

सात्विक शक्ति में मंगल के महाभाव को लक्ष्य कर, मानव; मन के असुर के विनाश के प्रतीक को लेकर रामपूजा में जुट जाते हैं। राम की शक्ति-पूजा का स्वरूप 'देवी भागवत' के नवरात्र माहात्म्य खंड पर आधृत है। अन्तर केवल इतना है वहाँ देवर्षि नारद रावण पर विजय पाने का सुझाव राम को देते हैं और यहाँ जाम्बवान। 'शिवमहिम्न-स्तोत्र' के आधार पर तथा कृत्तिवास की बंगला रामायण के आधार पर राम की पूजा-पद्धति का चित्रण है। राम 108 नील कमलों से शक्ति की पूजा करते हैं :

'चक्र से चक्र मन चढ़ता गया ऊर्ध्व निरलस,

चढ़ षष्ठ दिवस आज्ञा पर हुआ समाहित मन,
प्रति जप से खिंच-खिंच होने लगा महाकर्षण,
संचित त्रिकुटि पर ध्यान द्विदल देवी-पद पर,
जप के स्वर लगा काँपने थर-थर-थर अंबर...'

यहाँ योगसाधना-निमग्न राम का मन विविध चक्रों को पार कर छठे दिन 'आज्ञाचक्र' पर पहुँच चुका है। जप के प्रभाव से 'अंबर' अब थर-थर काँपने लगा है। वही अंबर (आकाशतत्व) जो कभी राक्षसी महोल्लास से विकल था आज सात्विक आराधना के उपरान्त रामपक्ष में है। किन्तु यहाँ एक अत्यन्त नाटकीय स्थिति की रचना निराला ने की है। दुर्गा छिपकर 'उठा ले गयी पूजा का प्रिय इंदीवर'

अन्तिम जप में पुनः व्याघात पाकर राम के दोनों नेत्र भर आते हैं। निराला राम के मुख से घोर-निराशा में डूबे मानवीय दुर्बलताओं से बिंधे, बार-बार पिटे व्यक्ति के सहज-उच्छ्वसित मन के उद्गार प्रकट करवाते हैं :

'धिक् जीवन जो पाता ही आया है विरोध
धिक् साधन जिसके लिए सदा ही किया शोध!'

इन पंक्तियों की मार्मिकता निराला के निजी जीवन की टीस और वेदना की प्रामाणिक छवि को उभार देती है। जीवन-अनुभव से उद्भूत धारणाएँ किस प्रकार विचार की सबल वाहिका बन जाती हैं, इनका यहाँ अच्छा उदाहरण विद्यमान है। राम अन्ततः अपना नेत्र कमल की भाँति देवी को चढ़ाने को उद्यत हो जाते हैं। यहाँ पुनः कवि इस विचार-धारणा को पुष्ट करते हैं कि उद्देश्य के साथ एकात्मता-निष्ठा जब दैहिक सीमाओं का अतिक्रमण कर जाती है, सच्ची समाधि वही है। समाधि एवं निष्ठा की इसी चरमस्थिति पर पहुँचकर विजय स्वयमेव उपलब्ध हो जाती है :

"होगी जय, होगी जय, हे पुरुषोत्तम नवीन!"

'वह महाशक्ति राम के बदन में हुई लीन।'

'महाशक्ति राम के बदन में लीन हो गई' की चमत्कारपूर्ण उद्भावना के पीछे गूढ़ आशय को खोलें तो पुनः व्यक्ति के संकल्प, निष्ठा और दैहिक सीमाओं के अतिक्रमण की स्थिति एवं ज्योति के अवतरण से व्यक्ति की शक्ति-क्षमता का विकास निश्चय प्रकट होता है। उक्त विचार—धर्म-अध्यात्म के दार्शनिक विचार को निराला ने प्रतिपादित करने में सिद्धि पायी है। मानव मात्र की क्षमताओं-निष्ठाओं में विश्वास को लेकर यह कविता सदैव के लिए इन अर्थों में भी प्रासंगिक हो जाती है कि आधुनिक मानव (नवीन) जीवन का अंधकार चाहे कितना ही विराट् क्यों न हो, मानवीय आकांक्षाओं-सीमाओं से बाहर नहीं रह सकता। राम की शक्तिपूजा में वीर, रौद्र, शृंगार, अद्भुत आदि भाव-रसों को प्रभावपूर्ण संगतियों में व्यक्त किया गया है, तो ये भाव सम्पूर्ण कविता के वैचारिक आधार एवं परिणति को पुष्ट करने में सटीक रूप से प्रयुक्त हुए हैं। यों अपनी परम्परागत संरचना एवं रचना-प्रक्रिया का निराला पूर्णतः अतिक्रमण भी कैसे कर सकते थे, तो भी यह कविता अपनी विशिष्ट अन्तर्वस्तु में भावनापन्न दार्शनिक विचार को

युगीन-स्थितियों-दशाओं से जोड़कर मानवीय संघर्ष के जप का बृहद् आख्यान प्रस्तुत करती है। विपत्तियों के वृहदाकार अन्धकार से घिरे व्यक्ति में उद्देश्य-निष्ठा के रहते संशय, भय के उपरान्त संकल्प और विचार किस स्वाभाविक प्रक्रिया-रूप में चरितार्थ होते हैं—राम की शक्तिपूजा इसका अनूठा उदाहरण है। सात्विकता, ज्योति मनुष्य की उज्ज्वल आकांक्षा एवं 'युग जीवन' के हितैषी विचार की इस जय को पौराणिक आख्यान के कथाधार पर फलित करने वाले काव्योपकरणों की चरितार्थता भी कुछ कम महत्व नहीं रखती। भाव, धारणा, विचार, पात्र की मनःस्थिति एवं चरित्र की प्रतिमा खड़ी करने में भाषायी उपयोग पर यहाँ कुछ विशेष नहीं कहना है। केवल एक-आध उदाहरण पर्याप्त होगा। गरजते समुद्र का बिम्ब-चित्र—

'शत घूर्णावर्त, तरंग-भंग, उठते पहाड़,
जल-राशि राशि-जल पर चढ़ता खाता पछाड़।'

हनुमान के तीव्र वेग से समुद्र विक्षुब्ध हो उठता है। पवन-पुत्र होने से पवनों के घात-प्रतिघातों से सैकड़ों पर्वताकार तरंगें उठती और परस्पर टकराकर गिर-छितरा रही हैं। जल के शत-शत वृत्त-आकार बन और टूट रहे हैं। ऐसी गुरु गम्भीर भाषा एवं बिम्ब-योजना जो हनुमान के वेग, क्रोध एवं शक्ति को प्रतीकित कर रही है—ऐसी सटीकता विरल ही देखने को मिलती है। इतना ही नहीं, कोमल भावों-संवेदनों को व्यक्त करती कोमल पदावली का विन्यास अपनी भाव-गरिमा के तुल्य हुआ है :

'नयनों का—नयनों से गोपन—प्रिय सम्भाषण—
पलकों का नव पलकों पर प्रथमोत्थान-पतन—
काँपते हुए किसलय,—झरते पराग-समुदय—
गाते खग नव-जीवन-परिचय—तरु मलय-वलय।'

नारी और पुरुष के नयनों के प्रथम और 'नये' सम्भाषण को प्रकृति-प्रतीकों से जिस सटीक उपमान-योजन से अलंकरित किया गया है—वहाँ प्रत्यक्ष-अप्रत्यक्ष विधान कोमलता, लालित्य की रागात्मकता को द्विगुणित कर रहा है। यह सम्पूर्ण विधान राम की शक्ति-पूजा के माध्यम से कवि के संवेदनात्मक उद्देश्य को चरितार्थ कर यह सिद्ध कर देता है कि कविता हिन्दी में लम्बी कविता की शुरुआत कर, उसके विशिष्ट चारित्रिक गुणों को उभारती है। विचार-संघर्ष की लड़ाई में आधुनिक मनुष्य की पक्षधरता में अपनी प्रासंगिकता अर्जित करती है।

सामूहिक उदासीनता के विरुद्ध*

धर्मवीर भारती की लम्बी कविता 'प्रमथ्यु गाथा' ग्रीक पुराकथा पर आधारित है, जिसकी रचनागत एवं मूल्यगत प्रासंगिकता, उसे मिथकीय पुनःसृजन के धरातल पर, युग-सापेक्ष अर्थवत्ता प्रदान करती है। कवि द्वारा कविता के साथ दिये गए संक्षिप्त विवरण के अनुसार 'प्रमथ्यु एक यूनानी पुराण-पुरुष है जो सृष्टि के आरम्भ में पहली बार स्वर्ग से, द्युपितर के महलों से मनुष्यों के त्राण के लिए अग्नि हर लाया था। दंडस्वरूप द्युपितर ने उसे एक शिला से बँधवा दिया था और एक गिद्ध निरन्तर उसके हृदयपिंड को खाते रहने के लिए तैनात कर दिया गया था...।'

उक्त लम्बी कविता कलेवर में मात्र सात पृष्ठीय है। इसमें मानवीय इतिहास की मूल्यपरक समस्या को आधार बनाया गया है। अपने प्रतीकात्मक आशयों और प्रवृत्त्यात्मक अर्थों में गहन मानवीय अनुभवों की ऐतिहासिक परिणतियों को यह कविता बखूबी प्रकट करती है। मिथकीय सरोकारों के कारण कलेवर की संक्षिप्तता भी वृहत्तर जातीय, ऐतिहासिक आशयों को खोल पाने में सक्षम है, इसलिए यह एक लम्बी कविता की कोटि में आती है और अपने बड़े एवं वृहत्तर सरोकारों के बल पर संक्षिप्त कलेवर में ही उसने प्रबन्ध के विकल्प स्वरूप उभरी लम्बी कविता के इस आयाम को समेट लिया है।

प्रमथ्यु गाथा में पाँच पात्रों की अवतारणा हुई है—प्रमथ्यु, द्युपितर, जनसाधारण, अग्नि, गृद्ध। इन पाँचों के संवाद के रूप में कविता की योजना सात हिस्सों में क्रमशः इस प्रकार हुई है :—प्रमथ्यु, द्युपितर, जनसाधारण, अग्नि, प्रमथ्यु, गृद्ध, प्रमथ्यु। स्पष्ट है प्रमथ्यु का तीन बार संवाद में भागीदार होना—आदि, मध्य और अन्त में उसे (प्रमथ्यु को) प्रमुखता एवं वर्चस्व प्रदान करता है।

---

* प्रमथ्यु गाथा : कविता-संग्रह : सात गीत वर्ष, 1959) : धर्मवीर भारती

संवेदनात्मक उद्देश्यों को प्रस्तुत करने में, संवाद को आगे बढ़ाने एवं संरचना को नाटकीय आयाम देकर समृद्ध करने में प्रमथ्यु की भूमिका महत्वपूर्ण है।

यह सही है कि लम्बी कविता समसामयिक युगसत्य को उसकी पूर्णता, संश्लिष्टता और नाटकीयता में पकड़ने की व्यापक छटपटाहट वाली बड़ी रचना होती है। इसमें समसामयिक सत्य से बहुत आगे के सत्य को कहने की क्षमताएँ होती हैं तो युगों की संचित जातीय अनुभूतियों, संवेदनाओं, विचारों को गूँथने-गुंजाने की क्षमताएँ भी निहित रहती हैं। 'प्रमथ्यु गाथा' में वीरान चट्टान से बँधे, गिद्ध के हाथों यातना सहते प्रमथ्यु का विराट् रूपक प्रस्तुत हुआ है। प्रमथ्यु मानव कल्याण के लिए, अपनी मानवहितैषी चिन्ताओं के कारण, द्युपितर के महलों से अग्नि चुरा लाता है। इस कृत्य का दंड केवल प्रमथ्यु को भोगना पड़ता है। जनसाधारण उस अग्नि का; जो ज्ञान, प्रकाश, स्वतन्त्रता, चेतना मुक्ति की प्रतीक है, प्रयोग 'सुबह-शाम चूल्हा सुलगाने, शय्या गरमाने, सोना गलाने और पड़ोसी का घर फूँकने' के लिए कर रहा है। दूसरे अर्थों में आत्मिक मुक्ति एवं चेतना के विकास में उस अग्नि का उपयोग न करके, जनसाधारण उसे जैविक आवश्यकताओं में झोंक रहा है। प्रमथ्यु में इससे जन-साधारण के प्रति विक्षोभ एवं गहरी शिकायत है जो इन शब्दों से प्रकट है :

'उसको बिना पीड़ा के मिल जाने वाली अग्नि
माँजती नहीं है
और पशु ही बनाती है!
अग्नि मिलने पर भी
वे सब पशु के पशु हैं
जिनको नृशंस स्वाद आता है
मेरी इस मर्मांतक पीड़ा में!
देता है जो बूढ़ा गिद्ध
मेरे ही कंधों पर बैठकर...'

प्रमथ्यु की पीड़ा का कारण मात्र गिद्ध द्वारा नोचा जाना ही नहीं, बल्कि इससे कहीं बढ़कर यह भी है कि जोखिम उठाकर सर्व-प्रथम साहस करके वह जो अग्नि धरती पर लाया है, जनसाधारण उसका सही उपयोग नहीं कर पा रहा। इतना ही नहीं, जनसाधारण प्रमथ्यु की यातना को तमाशबीन की तरह देख रहा है, भारत की स्वतन्त्रता एवं बाद के घटनाक्रम का कटु अनुभव ही नहीं, वृहत्तर, वैश्विक स्तर

पर भी, जनसाधारण द्वारा चेतना एवं बोधविहीन होकर, ज्ञान का मात्र जैविक एवं विध्वंसक प्रयोग, उक्त तथ्य को प्रमाणित करता है। प्रमथ्यु की यातना को गहन बनाने वाले उक्त विचार-बिन्दु ही जनसाधारण के प्रति उसे क्षुब्ध करते हैं। नरेन्द्र वशिष्ठ ने 'प्रमथ्यु गाथा' पर अपनी टिप्पणी में लिखा है कि 'पश्चिम के मनीषियों-चिन्तकों ने मानव जाति को बार-बार विनाश के कगार तक पहुँचाने के लिए जनसाधारण को नहीं, जननायकों को दोषी पाया' और 'मेहनत और महँगाई के बीच पिसते जनसाधारण को तो युद्ध-यज्ञों में समिधा की तरह डाल दिया गया। अतः ज्ञान के उपयोगितावादी और विनाशकारी प्रयोगों के लिए जनसाधारण को जिम्मेदार ठहराकर भारती ने आधुनिक इतिहास के सही ज्ञान का परिचय नहीं दिया है।' तथा "एक ओर तो प्रमथ्यु जनसाधारण का पक्षधर है जिसने द्युपितर के महलों से उनके लिए अग्नि चुराई, किन्तु दूसरी ओर कठोर दंड भोगते हुए वह उन्हें अयोग्य और कायर कहकर धिक्कारना शुरू कर देता है।" इतना ही नहीं नरेन्द्र वशिष्ठ आगे कहता है कि "किसी मिथक अथवा ऐतिहासिक नायक के चरित्र में ऐसी असंगति देखने में नहीं आती जैसी कि भारती के 'प्रमथ्यु' में।"[1]

पहले तो यह देखने की जरूरत है कि 'प्रमथ्यु' का व्यक्तित्व किन तात्त्विक गुणों से सम्पन्न है। प्रमथ्यु का व्यक्तित्व मिथकीय है। मानव-जातीय स्मृतियों के लिए ग्रीक माइथालॉजी का सन्दर्भ विशेष, जिसे भारती ने पुनः सृजन के धरातल पर उठाया है, वह कृतियों की परिणतियों के वृहत्तर अर्थों में मानवीय कमजोरियों को उद्घाटित करने वाला पात्र है। मानव-स्वभावगत एक खास पहलू को, एक ऊँचे धरातल पर, भारती ने उठाया है। नरेन्द्र को आलोचक, समझते हुए भी, जान-बूझकर बहुत नीचे उतरकर, 'प्रमथ्यु' के चरित्र में उदात्तता के स्थान पर 'यातनाजनित आत्मदया' ढूँढ़ता है और 'असंगति' का आरोप लगाता है। जबकि यह असंगति नरेन्द्र की पूर्वाग्रही चश्मे से ढकी दृष्टि में मौजूद है; जिसके तहत वह कविता को सांगोपांग सम्बद्ध करके निर्णय नहीं लेता। अन्यथा कविता की अन्तिम पंक्तियों में व्यक्त प्रमथ्यु के कथन को, जिसमें कवि का संवेदनात्मक उद्देश्य भी फलित होता है, वह अनदेखा न करता।

"कटु में नहीं
घृणा किससे करूँगा मैं
ये जो जन हैं, साधारण जन हैं
उनमें से एक-एक के अन्दर

मूर्च्छित प्रमथ्यु कहीं बन्दी हैं!
अवसर जिसे मिला नहीं साहस कर पाने का।''

साधारण जन से ऐसी गहन आत्मीय संसक्ति, असली पहचान के साथ उसकी क्षमताओं में ऐसी अटूट निष्ठा जो प्रमथ्यु व्यक्त कर सका है, वह ऐतिहासिक नायकों की युग-दृष्टि की परिचायक है। उनकी खीझ अपनत्व में कोड़े भी बरसाती है और करुणार्द्र हो आँसू भी बहाती है। प्रमथ्यु प्रत्येक जन में मूर्च्छित प्रमथ्यु (साहस) को पहचानकर उसके प्रति कितनी मार्मिक संवेदना धारण किये है... 'अवसर जिसे मिला नहीं साहस कर पाने का'। उस साधारण जन के लिए वह गिद्ध द्वारा अपना हृदयपिंड नोचा जाना एवं रक्त पीया जाना इसलिए बर्दाश्त करता है, क्योंकि गिद्ध 'गुरुजन' है :

'पियो!
जी भर पियो,
गुरुजन हो
मेरी शिराओं में रक्त बह रहा है तुम्हारा ही
जी भर पियो।'

प्रमथ्यु गिद्ध को 'गुरुजन' किन अर्थों में मानता है—यह भी देखना होगा। यह गिद्ध ही था जिसने प्रमथ्यु को प्रेरित किया था अग्नि लाने को :

'मैंने ही प्रेरित किया था तुम्हें देव-अग्नि लाने को
क्योंकि धरा पर नीचे गहरा अँधियारा था'

'जीवन भर मैंने आकाश में
निरर्थक चक्कर काटे'

'आहत है मेरा अहम्
मेरे थे पंख और मैंने देखी थी अग्नि
मैं भी ला सकता था
किन्तु एक थोड़े-से साहस के बगैर
मैं अग्नि जीत लाने से वंचित रहा'

गिद्ध, विवेकयुक्त इतिहास-दृष्टि, देश-कालमुक्त वह चिन्ताकुल चेतना-शक्ति है, जो अपनी उच्चाशयता में धरा के गहरे अँधियारे को पहचानकर 'देवाग्नि' को लाने की आवश्यकता अनुभव करती है; 'किन्तु एक थोड़े-से साहस के बगैर' उसे धरती पर ला नहीं पाती। मानवीय चिन्ता में आकुल इस इतिहास-मेधा को अपने स्वप्न, आदर्श, साक्षात्कृत सत्य को साकार करने के लिए सबल मानव-कंधों का सहारा लेना पड़ता है, जिसमें बल एवं साहस भी हो—(सिवा तुम्हारे इस सबल पुष्ट कंधों के और कहाँ बैठूँ मैं)।

प्रमथ्यु वह उपयुक्त सबल कंधों वाला—वृहत्तर ऐतिहासिक आशयों को साकार रूप देने वाला मिथकीय नायक है जो सतत यातना सहता हुआ भी अक्षुण्ण आशा से युक्त है :

'कोई तो दिन होगा
जब मेरे ये पीड़ा-सिक्त स्वर
उसके मन को बेध मूर्च्छित प्रमथ्यु को जगाएँगे!
उस दिन
हाँ, उस दिन
अकेला मैं रहूँगा नहीं
सबके हृदयों में मैं जागूँगा
मैं—प्रमथ्यु :
कटु मैं नहीं हूँ
घृणा किससे करूँगा मैं?'

कविता की ये अन्तिम दस पंक्तियाँ सुधी आलोचक नरेन्द्र वशिष्ठ को क्यों अनदेखी कर देनी पड़ीं, जिनमें प्रमथ्यु स्वयं साधारण जन में मूर्च्छित-प्रसुप्त पड़ा है। यह 'साधारण जन में प्रसुप्त मेरा ही रूप है'—मानने वाला 'प्रमथ्यु' है। वह इस इतिहास-सत्य को विश्वास की तरह धारण किये प्रतीक्षा में है, कोई तो दिन होगा जब जनसाधारण में सोया प्रमथ्यु जागेगा। तब 'प्रमथ्यु' अकेला नहीं होगा, एक सामूहिक साहस-विवेक होगा। वह धरा पर नीचे गहरे अँधियारे को मिटाने के लिए 'द्युपितरों' के महलों में बंदिनी देवाग्नि को साहसपूर्वक सबके हित में चुरा लाएगा। उस दिन की प्रतीक्षा में सतत अनेकमुखी यातना सहता प्रमथ्यु का नायकत्व क्या राम, कृष्ण, यीशु, गुरु तेगबहादुर, लिंकन, लूथर, किंग और गाँधी (जिनका उल्लेख नरेन्द्र वशिष्ठ ने किया है) के नायकत्व से उदात्तता में कहीं कम है? बल्कि

आधुनिक युग की अनेकायामी यातनाओं को सहता अपनी नवीन मिथकीय सम्भावनाओं के कारण कहीं अधिक उदात्त, व्यापक एवं बहुआयामी है यह पात्र।

कविता को सात खंडों में विभाजित करके एक ही स्थिति के प्रति विभिन्न कोणों में उद्घाटित किया गया है इससे यहाँ स्थिति-विशेष के विभिन्न आयाम स्पष्ट होते हैं, उसकी प्रतीकात्मक अर्थ-पंक्तियाँ भी स्पष्ट होती हैं। किन्तु इनसे, परस्पर की टकराहट के अनुपस्थित रहने से, संरचनात्मक एवं अर्थगत नाटकीय सम्भावनाएँ नहीं पैदा हो पाईं। अपनी सहज संप्रेषणीयता, कथन-सादगी के आधार पर भी कवि के कौशल को पहचाना जा सकता है।

इस लम्बी कविता में मिथक का प्रयोग जिस वैचारिक आशय को व्यक्त करता है, वह अपनी प्रकृति में भावनापन्न होकर मानववादी सोच का परिणाम है। मानव के मुक्त-साहस एवं विकसित चेतना को भारती ने उन अजस्र स्रोतों तक पहुँचा दिया है, जहाँ से मानव-सभ्यता के चरण सतत आगे बढ़ने की प्रेरणाएँ उपलब्ध करते हैं। जोखिम, साहस और स्वातन्त्र्य के लिए चुनौती देती हुई ये पंक्तियाँ अपने यथार्थ और सटीक कथन में कितनी प्रासंगिक हैं, यह अप्रकट नहीं रहता। जनसाधारण का यह कथन, हमारी देशीय परिस्थितियों और मानसिकता को कितनी गहराई से प्रस्तुत करता है :

'चाहता अगर तो हम में से हर एक व्यक्ति
अपने ही साहस से प्रमथ्यु हो सकता था
लेकिन हम डरते थे
ज्योति चाहते थे
पर दंड भोगने से हम डरते थे!'

'हम सब करिश्मों के प्यासे हैं
कोई भी करिश्मा कर दिखलाएं
हम खुद क्यों लें कोई भी निर्णय
हम खुद क्यों भोगें कोई भी दंड?'

स्वतन्त्रता के बाद के समूचे काल-खंड में जनसाधारण की मानसिकता पर इससे सटीक टिप्पणी नहीं हो सकती; विशेषकर आपातकाल का दौर देखने-भोगने वाले हिन्दुस्तान पर। भारत की आजादी और आपातकाल के अनुभव तो काल-प्रवाह के निकटतम प्रमाण कहे जा सकते हैं। अन्यथा समूची मानव-सभ्यता के परिणामात्मक

आशयों को जाँचें तो भी उक्त कथन उतना ही सत्य-सटीक बैठता है। द्युपितरों द्वारा बनायी गुलामी, भय और भीरुता की व्यवस्था के प्रति 'प्रमथ्यु गाथा' यातना में से उभरा एक साहसिक पैगाम है। अपनी प्रासंगिकता एवं संवेदनात्मक उद्देश्यों की पूर्ति में 'प्रमुथ्य गाथा' लम्बी कविताओं के मध्य अपना विशिष्ट स्थान रखती है।

सन्दर्भ

1. मानवीय यातना का विधान : डॉ. नरेन्द्र वशिष्ठ (लम्बी कविताओं का रचना-विधान, सं. डॉ. नरेन्द्र मोहन), पृ. 73

आस्तिक आध्यात्मिकता की अभिव्यक्ति*

'लम्बी कविता' प्रबन्ध काव्य का विकल्प होकर उभरी स्वतन्त्र विधा है। अतः यह स्वातन्त्र्य-तत्व प्रबन्ध की सभी अपेक्षाओं का नकार नहीं, विकल्प है। आधुनिक जीवन-बोध के दबाव में आए अनिवार्य परिवर्तनों के कारण लम्बी कविता का उदय हुआ है। प्रबन्ध काव्य बड़े सामाजिक-कलात्मक सरोकारों को लेकर चलता था, जिसमें जीवन की समग्रता एवं जीवन-दृष्टि की संहिति भी उपलब्ध होती है। ऐसी रचनाएँ न केवल अपने समय तक सीमित रहती हैं, बल्कि भविष्य को भी अपने सीमा-विस्तार में लेकर दिशा-निदेश का कार्य भी करती हैं। इस स्तर पर बड़ी रचनाएँ अपने समय से आगे चलकर सार्थकता अर्जित करती हैं। आज लम्बी कविताओं से भी यह अपेक्षा करना असमीचीन न होगा। अपने समय के स्वरूप को गढ़ने के साथ ही वे अपने समय से कितना आगे जा चुकी हैं, यह देखना भी जरूरी है। यह दृष्टि-प्रक्षेपण किस मानसिकता एवं ऐतिहासिक सत्य को चरितार्थ कर रहा है? कवि ने इसे किस मूल्य-स्तर पर स्थापित किया है? लम्बी कविता ने स्वयं उस कवि के काव्य-मूल्यों से तथा मौजूद काव्यमानों से अनिवार्यता के किन बिन्दुओं, आधारों पर एक अलग—आगे की ज़मीन गोड़ी है। 'असाध्यवीणा' का कथा-आधार संक्षिप्त-सा है। कलासाधक वज्रकीर्ति ने अपना सारा जीवन लगाकर मंत्रपूत अति प्राचीन किरीटी-तरु से इस वीणा को गढ़ा था। उत्तराखंड के गिरिप्रांतर से यह राजा के पास आई। राजा के सब जाने-माने कलावंत हार गए। कोई भी उसे न साध सका। अतः वह असाध्य वीणा ही प्रसिद्ध हो गई। केशकम्बली, जिसे गुहा-गेह से राजा ने बुलवाया था। वह आया। उसे राजा ने वीणा की असाध्यता का संक्षिप्त परिचय दिया। उसके बाद केशकम्बली ने अपना

---

* असाध्य वीणा : (कविता-संग्रह : आँगन के पार द्वार : 1961) : अज्ञेय

कम्बल खोला, धरती पर चुपचाप बिछाया। केशकम्बली ने झुककर उस वीणा पर—तारों पर अपना मस्तक टेक दिया और स्वयं अपने को शोधना आरम्भ कर दिया। 'सघन निबिड़ में वह अपने को सौंप रहा था उसी किरीटी-तरु को'। 'सम्बोधित कर उस तरु को, करता था। नीरव एकालाप प्रियंवद।' केशम्बली अपनी कल्पना-स्मृति में तरु और तरु के माध्यम से असाध्यवीणा के रहस्य को पा गया। वह सारी ध्वनियाँ पारिवेशिक जीवन-स्थितियाँ, अस्तित्वगत प्रतीतियों को स्मृत्-साक्षात्कार में पा लेता है। इतना ही नहीं, केशकम्बली की यह गुहार :

'मैं नहीं, नहीं! मैं कहीं नहीं!
ओ रे तरु! ओ वन!
ओ स्वर-सम्भार।
नाद-मय संसृति!
ओ रस-प्लावन!
मुझे क्षमा कर—भूल अकिंचनता को मेरी—
मुझे ओट दे—ढँक ले—छाले'

'स्व' की विस्मृति एवं किरीटी-तरु की स्मृति को उद्‌बुद्ध करके आत्मवत् यह पुकार कि :

'आ, मुझे भुला
तू उतर बीन के तारों में
अपने से गा'

'अपने जीवन संचय को कर छन्दमुक्त!
अपनी प्रज्ञा को वाणी दे!
तू गा, तू गा...'

तभी समाधिस्थ संगीतकार का हाथ उठा, उँगलियाँ काँपीं, स्वर किलक उठे। इसके बाद :

''नीरव पद रखता जालिक मायावी
सधे करों से धीरे धीरे धीरे
डाल रहा था जाल हेम-तारों का।''

"सहसा वीणा झनझना उठी—
संगीतकार की आँखों में ठंडी पिघली ज्वाला-सी झलक गई
रोमांच एक बिजली-सा सबके तन में दौड़ गया।"

स्थिति-समस्या के परिज्ञान के उपरान्त संगीतकार का अपनी अन्तः लय-ध्वनि को साधने—स्वयं की प्रकृति को पहचानने का कार्य है। यह आदिम राग-संगीत को 'मायावीकरों' से छूने, हेम-तारों का जाल डालने जैसा रहस्य-कार्य है। कला-साहित्य की जिन सूक्ष्म अनुभूतियों, चेतना की सोयी प्रतीतियों को जगाकर, अस्मिता और अध्यात्म के संकेतों को जानकर केशकम्बली की उँगलियाँ थिरकीं—उस थिरकन में केशकम्बली का सायास कुछ भी नहीं था। 'मैं नहीं! तू ही तू है' के भारतीय अध्यात्म दर्शन की अवधारणा के साम्य पर "मैं नहीं, नहीं! मैं कहीं नहीं! ओ रे तरु! ओ वन!"—की अवधारणा को पुष्ट करता हुआ कवि संगीतकार के स्पर्शों को 'जालिक-मायावी' कहकर इस तथ्य को सिद्ध कर रहा है।

यों, हमारा इरादा किन्हीं कवियों की यहाँ तुलना करना नहीं है, फिर भी प्रस्तुत कृति की पहचान को आसान बनाने के लिए 'तारसप्तक' के ही दूसरे कवि मुक्तिबोध की कविता—'अँधेरे में' का उल्लेख अनिवार्य लग रहा है। दोनों की काव्य-प्रकृति को समझ लेना भी असमीचीन न होगा। मुक्तिबोध की कविता चाकू का धारदार रूख है, तो अज्ञेय की कविता चाकू के पलटे का मुलायम-रपटीला रूख, जो न गड़ता है, न काटता-छीलता है—दबाव देने पर सिर्फ़ एक लकीर ज़रूर बनाता है। स्पष्टतः अज्ञेय की कविता विचार के संघर्षपूर्ण एवं द्वन्द्व-तनावमय सरोकारों को नहीं, भाव की रागात्मकता एवं समग्रता को महत्व देती है। अज्ञेय को इस बात का पूरा भान भी है। अज्ञेय यह मानते हैं—"मैं मानता हूँ कि भावनाप्रधान कविता छोटी ही हो सकती है, नहीं तो अपने भावों का 'पैराफ्रेज' होने लगता है।" मुक्तिबोध की कविता विचार के बल पर ही लम्बी होती है। इसी विवशता में वह छोटी कविताएँ लिख पाने में असमर्थ-से रहे हैं। विचार-दृष्टि की मुखरता, परिवेशगत सन्दर्भों के फैलाव और स्थितियों के रचाव मुक्तिबोध की कविताओं को क्रम-शृंखलता में बाँधते और तानते हुए प्रतीत होते हैं, जबकि अज्ञेय कविता में भाव-सघनता, अनुभूति की चमक और संरचनागत केन्द्रीयता को महत्व देते हैं। अज्ञेय मात्र एक लम्बी कविता 'असाध्य वीणा' लिख सके और वह भी उनकी अन्य पूर्व-रचित कविताओं की भाव-छवियों-धारणाओं को लिए हुए है, जिनके रहते इस लम्बी कविता की अनिवार्यता के आगे प्रश्न-चिह्न

भी लग जाता है। स्वयं अज्ञेय के शब्दों में लम्बी कविता लिख सकने की अक्षमता प्रकट है, "लम्बी कविताएँ भी होती हैं, हो सकती हैं, पर उनको कलात्मक एकता और गठन देने वाली चीज फिर दूसरी हो जाती है—भाव की संहिति और तीव्रता नहीं। वह ढंग दूसरा है, और कहूँ कि मेरा वह नहीं है।" भाव की संहिति और तीव्रता अज्ञेय की कविता की मान्य विशेषता है। यह मानसिक रुझानों तक सीमित करके देखा जाने वाला तथ्य नहीं। बल्कि समूची कवि-प्रकृति की, कवि व्यक्तित्व की पहचान के ये आधार भी हैं, कि मुक्तिबोध छोटी कविता लिख ही नहीं पाते तथा लम्बी कविता लिखने को अभिशप्त थे, अपनी इस प्रवृत्ति-पहचान-अभिव्यक्ति की खोज खतरे उठाने की सीमा तक...तो दूसरी ओर अज्ञेय लम्बी कविता की संरचनात्मक विशेषता के कारण—(कलात्मक एकता और गठन के विभिन्न प्रकार के कारण) लम्बी कविताएँ न लिखकर ('असाध्यवीणा' को अपवाद मानते हुए) छोटी कविताओं में ही रमते हैं। इसकी बुनियाद में विचार और अनुभूति की केन्द्रीयता का अन्तर है। जहाँ अज्ञेय की मजबूरी अनुभूति है, जो बुनियादी प्रस्थान-बिन्दु है, वहाँ मुक्तिबोध के लिए, वही स्थान विचार ने लिया हुआ है। अज्ञेय की कविता का केन्द्रीय बिन्दु प्रायः अनुभूति रही है जो अपनी तीव्रता, संगठन और चमक में अधिक लम्बी समयावधि तक नहीं खिंच पाती, क्षणिक होती है। अज्ञेय उस अनुभूति और क्षण को आवयविक संगठन में बाँधने में सिद्धहस्त हैं। दूसरी ओर मुक्तिबोध विचार-संवेदना (ज्ञानात्मक-संवेदना) तथा उसके साथ क्षण के स्थान पर इतिहास-बोध के दबाव को कभी भूल नहीं पाते।

अज्ञेय की पूर्वापर काल में लिखी कविताओं में व्यक्त धारणाओं-विचारों को देखते हुए कहा जा सकता है कि 'असाध्यवीणा' में उन्हें एक नई अन्विति एवं व्यापकता उपलब्ध हुई है। 'किरीटी-वृक्ष' की कई प्रतिछवियाँ और 'असाध्यवीणा' के माध्यम से व्यक्त बौद्धिक भावनाओं, दार्शनिक धारणाओं के रूपों को हम 'महावृक्ष के नीचे' कविताओं में भी देख सकते हैं :

"वह महारूख है
अकेला है, वन में है
तुम महारूख के नीचे—
अकेले हो, वन तुम में है।"
(महावृक्ष के नीचे, पहला वाचन)

"जीवन : वह धनी है, धुनी है
अपने अनुपात गढ़ता है।
हम : हमारे बीच जो गुनी है
उन्हें अर्थवती शोभा से मढ़ता है।"
(महावृक्ष के नीचे : दूसरा वाचन)

वैदिक वाङ्मय में वृक्ष धर्म के अमूर्तभाव को मूर्त करने का माध्यम रहा है, बाद में देश विशेष और कभी व्यक्ति या विचार की अस्तित्वगत क्षमताओं-खूबियों को मूर्त करने वाला। किन्तु अज्ञेय के निकट यह वृक्ष जो कई कविताओं में बार-बार प्रयुक्त होता है—अपनी कई-कई नई-नई अर्थछवियों को खोजता—विस्तार देता हुआ, वह आधुनिक युगीन मानवीय अस्मिता के महाभाव के तुल्य अनेक रंगों-ध्वनियों-अर्थों को समेकित किए हुए है।

असाध्यवीणा अपनी संरचनात्मक संयोजना में बौद्धिक तर्क-प्रधान कौशल को लिए हुए है, किन्तु अपने कथ्य की परिणति में, संवेदनात्मक उद्देश्य के प्रतिफलन में विचार के नव-रहस्यवादी स्वरूप को ही अर्जित करती है। अपने कथ्य को एक निश्चित तराश एवं क्रम देने में बौद्धिकता अपनी स्थिति को छुपा नहीं पाती। जैसे :

"ओ व्याकुल मुखरित वन-ध्वनियों के
वृंदगान के मूर्त रूप
मैं तुझे सुनूँ
देखूँ, ध्याऊँ
अनिमेष, स्तब्ध, संयत, संयुत, निर्वाक् :
वहाँ साहस पाऊँ
छू सकूँ तुझे..."

कवि यहाँ वन-ध्वनियों के वृंदगान के मूर्त रूप में सामने पड़ी 'असाध्यवीणा' के माध्यम से स्मृत-कल्पना द्वारा उस 'किरीटी-तरु' की मूल स्थिति-प्रकृति तक पहुँचता है। तथा अनेक क्रियापदों द्वारा, अपनी जिस मानसिक अनुक्रिया को प्रकट करता है—अनिमेष, स्तब्ध, संयत, संयुत, निर्वाक्—वह कवि की रचना-प्रक्रिया एवं संयोजन के प्रकार को भी परिपुष्ट करने वाली है। सम्पूर्ण कविता में हम वन-ध्वनियों के विविध बिम्बों, जिनकी सर्वाधिक भरमार इस कविता में है, के साथ उक्त मानसिक अनुक्रियाओं को लक्षित कर सकते हैं।

मुक्तिबोध जहाँ अपने विचारों और अनुभवों को सामाजिक परिप्रेक्ष्य एवं अनुभव की सन्निधि में रखते हैं, जिससे विचार-अनुभव अपनी प्रकृति एवं अर्थसूत्रों के साथ व्यापक सन्दर्भों में फैलकर मूर्त हो उठते हैं, वहाँ अज्ञेय की इस कविता में वैयक्तिक अनुभव कला के व्यक्तिवादी विचार अनुभव से अपने सरोकारों को पुष्ट-सिद्ध करते हैं। उनकी विश्वसनीयता कलावादी अनुभवों से प्रमाणित होती है। 'अँधेरे में' के कथ्य को यथार्थ की कला प्रमाणित करती है तो 'असाध्यवीणा' को कला का यथार्थ। अतः 'असाध्यवीणा' में कई यथार्थ स्थितियों की टकराहट से उत्पन्न विचार-पद्धति के विपरीत एक विचार को सिद्ध करने की आन्तरिक प्रक्रिया के कई सोपान उद्‌घाटित हुए हैं। इस संसिद्धि के लिए कवि ने जो कथा उठाई है उसके आधार पर कविता स्वयमेव आगे बढ़ती गई है और एक निश्चित बिन्दु पर पहुँचकर समाप्त हो जाती है। यों वह समापन-रूढ़ि को भी निभाती है। कवि ने जिस प्रकार कविता के समापन को घटित किया है, उससे कलावादी उद्देश्य भी लक्षित किये जा सकते हैं। अज्ञेय का कहना है, "काव्य सबसे पहले शब्द है, और सबसे अन्त में भी यही बात बची रहती है कि काव्य शब्द है"–(तार सप्तक : दूसरा संस्करण)। और शब्द को भारतीय दर्शनकारों ने ब्रह्म माना है। अब असाध्यवीणा की ये पंक्तियाँ देखें :

"अवतरित हुआ संगीत
स्वयंभू
जिसमें सोया है अखंड
ब्रह्मा का मौन
अशेष प्रभामय।"

तथा

"डूब गए सब एक साथ
सब अलग-अलग एकांकी पार तिरे।"

यहाँ 'शब्द-ब्रह्म' एक विचार है। तुलसी के 'प्रभु मूरति देखी तिन तैसी' कथन की भाँति यहाँ सबने अलग-अलग अर्थ लिए हैं। इतना ही नहीं, केशकम्बली का यह कथन भी कवि के उक्त अभिप्राय को उद्‌घाटित करता है :

"श्रेय नहीं कुछ मेरा
मैं तो डूब गया था स्वयं शून्य में–

वीणा के माध्यम से अपने को मैंने
सब-कुछ को सौंप दिया था—
सुना आपने जो वह मेरा नहीं,
न वीणा का था :
वह तो सब कुछ की तथता थी—
महाशून्य वह महामौन
अविभाज्य, अनाप्त, अद्रवित, अप्रमेय
जो शब्दहीन
सब में गाता है।"

इस उद्धरण में नव्य रहस्यवादी विचार की प्रकृति एवं स्वरूप स्पष्ट हो जाता है। कला सिद्धि की इसी आकांक्षा को कवि अन्त में अपने साथ जोड़कर अपने आशय की इस अभिप्राययुक्त रंगत की ओर संकेत करता हुआ नहीं लगता क्या? :

'नमस्कार कर मुड़ा प्रियंवद केशकम्बली।
लेकर कम्बल गेह-गुफा को चला गया।
उठ गई सभा। सब अपने-अपने काम लगे
युग पलट गया।'

'प्रिय पाठक! यों मेरी वाणी भी
मौन हुई।...'

यहाँ 'यों' पर बल है! कविता तो वस्तुतः 'जो शब्दहीन सब में गाता है' पर समाप्त हो जाती है। 'नमस्कार' से आरम्भ होने वाला यह अन्तिम अंश समापिका—वाक्य पूर्ति के निमित्त आने वाली क्रिया—जैसा है यह अंश प्रक्षिप्त नहीं, समापवर्तक है। अज्ञेय के कौशल की यह खूबी प्रकट कर रहा है। उसने एक ही आघात (Stroke) से कथ्य को नए अर्थ-सन्दर्भों से जोड़ दिया है। केशकम्बली द्वारा 'असाध्यवीणा' को साध्य बनाने की क्रिया-कला-उपलब्धि एवं धारणा को कवि अपने साथ, अपनी कला-धारणा के साथ जोड़कर दिखा देता है। क्योंकि केशकम्बली की वीणा तो बजकर 'वीणा फिर मूक हो गई' पर मौन हो जाती है, पर कविता को कवि यहीं समाप्त नहीं होने देता। उसे पाठक को अपनी 'वीणा' तक लाना था। सारी कविता 'यों' पर आकर दो हिस्सों में ही नहीं, बल्कि समापवर्तक तरीके

(दो या अधिक राशियों को अलग-अलग भाग देने पर पूरी बँट जाने वाली राशि) से खोल देता है। दूसरे शब्दों में यह भी कहा जा सकता है कि समूची असाध्यवीणा अज्ञेय की कविता की सौन्दर्याभिरुचि प्रक्रिया, निष्ठा एवं औचित्य को व्याख्यायित करती है। गहन कलात्मक सरोकारों और व्यक्ति की आस्था अस्मिता की, आस्तिकता आध्यत्मिकता की अद्वितीय अभिव्यक्ति यहाँ हुई है। इस परिप्रेक्ष्य में हम देखते हैं तो असाध्यवीणा अपने बुनियादी स्वभाव और संरचना में भावना-प्रधान रचना सिद्ध होती है। उसमें अनुचिन्तात्मक प्रक्रिया मौजूद है। जो भावना-प्रधान होकर द्वन्द्वात्मक है, वैयक्तिक होकर तनावयुक्त है। द्वन्द्वात्मक तनाव की विचार-प्रक्रिया के विपरीत वह भावना-प्रक्रिया के द्वन्द्व एवं तनाव को तानती है। भाषाधिकार का इतना सक्षम, संयत, सधा-सिद्ध प्रयोग विरल ही दृष्टिगत होता है। भाषा-संवेदना, बौद्धिक-भावनापन्न लय-विधान, तर्कयुक्त अन्तःसंयोजन एवं अपने समूचे प्रतिफलन में यह कविता विशिष्ट तो है पर अपनी सामयिक संघर्षकारी भूमिका (कवि के समूचे काव्य को दृष्टि में रखते हुए भी कहा जा सकता है) की उपेक्षा करने के कारण लम्बी कविता का आदर्श नहीं मानी जा सकती।

संवेदनात्मक विचार की द्वन्द्वात्मक परिणति*

आधुनिक युग का व्यक्ति जैसे, ठेठ, सरल, सीधा नहीं रह गया, उसी प्रकार उससे भी कई गुणा बढ़कर आधुनिक सत्य, संश्लिष्ट, कुटिल, वक्र एवं बहुआयामी हो गया है। इसे पकड़ पाने वाले बने-बनाए तरीके, प्रकार व साँचे भी अनुपयुक्त एवं व्यर्थ हो गए हैं। सत्य की इस संश्लिष्ट प्रकृति को बाँधने के लिए नए साँचों, पद्धतियों और व्यवहारों की खोज-प्रक्रिया भी कभी समाप्त नहीं हुई। परन्तु इसकी अनिवार्यता भी उन्हीं को अनुभव हुई जिन्होंने सत्य की मूल प्रकृति को उसकी बीहड़ता में खोज निकालने का संकल्प ले लिया हो। बने-बनाए मार्ग एवं तरीकों से हटकर नए जरूरतों को पूरा करने के औजार स्वयं गढ़ने में पहल करने वालों में मुक्तिबोध सब से आगे थे। संश्लिष्ट प्रकार के सत्य को उद्‌घाटित करने वाले संरचनात्मक ढाँचे भी संश्लिष्ट हो जाएँ, परम्परित आत्मपरक रूपों की अपेक्षा अतिशय प्रदीर्घ बन जाएँ तो किसका दोष है? किन्तु सचमुच में मुक्तिबोध की लम्बी कविताओं को उनका दोष माना गया। दूसरी ओर लम्बी कविताएँ लिखना उनकी विवशता बन गई। आधुनिक सत्य को अर्जित करने के लिए पात्रों, स्थितियों-सम्बन्धों के परस्पर टकराव के साथ व्यक्ति से समाज; समाज से राजनीति; राजनीति से ऐतिहासिक दृष्टि—यों एक पेचीदा दृश्य-फलक एक-साथ उठ आता है। इन सबमें परस्पर टकराहट-गूँज एवं पहचान पैदा करना कितने जोखिम का कार्य हो सकता है। खासकर तब, जबकि परम्परित, आजमाए हुए ढाँचे, कथन-प्रकार एवं कथाधार तक छोड़ देने अनिवार्य हो उठें।

मुक्तिबोध ने 'अँधेरे में' कविता में ऐसा ही किया, बल्कि अपने समूचे काव्य में। 'अँधेरे में' कविता में कोई कथाधार नहीं है। यह कविता आठ खंडों में विभाजित

* अँधेरे में : (कविता-संग्रह : चाँद का मुँह टेढ़ा है, 1964) : मुक्तिबोध

है। कविता में एक काव्यनायक उभरता है जिसके दो रूप हैं—प्रीतिकर एवं अप्रीतिकर। कविता स्वप्ननुमा फैंटेसी के प्रकार को लिए है जिसमें कुछ भी घटित हो सकने की सम्भावनाएँ खुली रहती हैं। कथ्य के अनुरूप ही कई-कई आन्तरिक बाह्य टकराहटों-गूँजों-अनुगूँजों के लिए—कई अर्थ-स्तरों को एक साथ रोशन करते चलने वाले नियोजन इस कविता में मिलते हैं। व्यक्ति के विभाजित व्यक्तित्व के भीतर बाहर के साथ सामाजिक सरोकारों को, उनकी प्रभावित करने वाली तमाम गतिविधियों को अपने में समेटती हुई यह कविता चलती है। अतः इसमें वर्तमान सामाजिक-राजनीतिक-आर्थिक, आधियों-व्याधियों के कहीं भी, कुछ भी घटित हो सकने की विश्वसनीयता बनाए रखने के लिए फैंटेसी के स्वप्न प्रकार को चुना गया है। कभी प्रकाश-पुरुष उभर आता है, कभी लाल कोहरा, उस कोहरे में रक्तालोक-स्नात पुरुष—जो साक्षात् रहस्य है। ऐसे में प्रकट जीवन के खतरों, रक्तस्नात स्थितियों, भयप्रद आहटों, पर्वत-संधि के गह्वरों, गोलाबारी की कार्यवाहियों के साथ बन्दूक का हाथ लग जाना, रात में मृत्यु-दल का प्रोसेशन निकलना आदि घटनाओं के माध्यम से भीतरी भय, आशंका, अपराध और हिंसा के असली रूपों को प्रकट किया गया है। जैसे गम्भीर और खतरनाक बात कहने के लिए गम्भीरता अनुपयुक्त हो उठती है और हम मजाक में कुछ भी कह सकने वाली स्थिति की ओट लेकर सब कुछ कह लेते हैं, कुछ इसी प्रकार यहाँ स्वप्न-फैंटेसी का सहारा लिया गया है। नायक भागता हुआ कई-कई मोड़ पार कर जाता है। उसके साथ ही दृश्य-चित्र, रंग-ढंग एवं परिप्रेक्ष्य भी बदलते जाते हैं एक रहस्यमय चित्रपट की तरह।

यह चित्रपट, अभिप्राययुक्त आँख और उसे साधकर चलने वाले विचारानुशासित मन-मस्तिष्क के द्वारा तैयार किया गया है, इसलिए—नियोजित एवं संयोजित है, सार्थक एवं साभिप्राय है :

"विचार की फिरकी सिर में घूमती है"

यह विचार की फिरकी है, जो रात में निकले प्रोसेशन की फिल्म बना रही है और कई-कई चेहरों को पहचानकर सामने ला रही है। "कैवेलरी!! काले-काले घोड़ों पर खाकी मिलिट्री ड्रेस, चेहरे का आधा भाग सिन्दूरी गेरुआ (स्वप्न में सब कुछ सम्भव है) आधा भाग कोलतारी भैरव, आबदार!! कन्धे से कमर तक कारतूसी बैल्ट है तिरछा।" कर्नल, ब्रिगेडियर, जनरल, मार्शल आदि के जाने-बूझे चेहरों के साथ कई प्रकांड आलोचक, विचारक, जगमगाते कवि-गण, मन्त्री, उद्योगपति और विद्वान, यहाँ तक कि शहर का हत्यारा कुख्यात डोमाजी उस्ताद भी है। यहाँ ये

भूत-पिशाचकाय दीखते हैं। क्योंकि हमारे स्वप्न हमारे अभावों या बाहरी मारों को ही पुनः विकृत रूप में प्रकट करते हैं। इसलिए "भीतर का राक्षसी स्वार्थ अब/साफ उभर आया है/छिपे हुए उद्देश्य/यहाँ निखर आए हैं/यह शोभा-यात्रा है किसी मृत-दल की।" कट :

"एकाएक टूट गया स्वप्न व छिन्न-भिन्न हो गए
सब चित्र
जागते में फिर से याद आने लगा वह स्वप्न,
फिर से याद आने लगे अँधेरे में चेहरे
और मुझे प्रतीत हुआ भयानक
गहन मृतात्माएँ इसी नगर की
हर रात जुलूस में चलतीं,
परन्तु दिन में
बैठती हैं मिलकर करती हुई षड्यन्त्र
विभिन्न दफ्तरों...कार्यालयों, केन्द्रों में, घरों में।"

"हाय, हाय, मैंने उन्हें देख लिया नंगा,
इसकी मुझे और सज़ा मिलेगी।"

जीवन-यथार्थ के सत्य को उद्घाटित करने के लिए स्वप्न-व्यवहार का सहारा लिया गया है। फिर स्वप्न-व्यवहार से यथार्थ जीवन को प्रमाणित किया गया है—अर्थ दिया गया है। वास्तविकता के भयावने साक्षात्कार, फिर उस साक्षात्कार के भयंकर परिणामों के आसन्न भय की कल्पना इस प्रकार स्वप्न एवं यथार्थ (Dream and reality) के दृश्यों-अभिप्रायों को परस्पर तिहरे आशयों में टकराकर सत्य के असली चेहरे को निकालकर पेश कर दिया है। व्यवस्था के मानव-विरोधी षड्यन्त्र में उक्त वर्गों की हिस्सेदारी और मिलीभगत को इस प्रक्रिया से गुज़र कर पेश किया है कि नग्नता का कोई आयाम छुप नहीं पाता। रात और अँधेरे के मूल्यपरक अर्थ-सन्दर्भों से युक्त करके उनके राक्षसी स्वरूपों को कवि ने प्रकट कर दिया है। यह मुक्तिबोध के रचना-कौशल का कमाल है।

विचार, कल्पना (स्वप्न फैंटेसी आदि) एवं संवेदना का नाटकीय संयोजन 'अँधेरे में' कविता को अद्वितीय बना देता है जिसके तहत कई तहों-स्तरों वाला यथार्थ उद्घाटित हो गया है।

'अँधेरे में' कविता में प्रयुक्त स्वप्न के क्रमिक व्यापार और विकास-प्रक्रिया के आधार पर मुक्तिबोध एक स्वप्न-आदर्श खड़ा करते हैं, इससे संवेदनात्मक उद्देश्य भी स्वप्नमय हो उठा है। वह सीधे-सीधे उत्तेजित किए बिना, हौले से एक आदर्शात्मक स्वप्न टाँक जाते हैं जो अपनी सम्वेदना-विचार-कल्पना के साथ स्पृहणीय लगता है। इस सन्दर्भ में नामवर सिंह का यह कथन उपयुक्त लगता है, "वस्तुतः 'अँधेरे में' कविता की अर्थवत्ता उसके स्वप्न चित्रमय वातावरण में है जो अपनी नाटकीय संरचना के द्वारा सीधे-सादे वाक्यों को भी काव्यात्मक गूँज से अनुरंजित कर देता है।"[1] किन्तु इस कथन के आधार को स्पष्ट करने वाली उनकी इस स्थापना से सहमत नहीं हुआ जा सकता कि "कवि ने यथार्थ पर अँधेरे की एक चादर डालकर उसके अन्दर से एक जीती-जागती स्पष्ट गोचर दुनिया को उभारकर रख दिया है जो यथार्थ से भी अधिक यथार्थ मालूम होती है। इस काव्यलोक की अस्पष्टता और स्पष्टता दोनों ही स्वप्न के मानिंद हैं।" यहाँ नामवर सिंह यह भूल जाते हैं कि अपने बाहर के समूचे परिदृश्य में व्याप्त मूल्यपरक अँधकार को, जिसे मुक्तिबोध ने नग्न यथार्थ रूप में चेतना स्तर पर देख लिया है, उसे ही अनावृत किया है, जीवन-समाज के यथार्थ रूप को ढके हुए अँधकार को मुक्तिबोध ने अनावृत किया है—यह कहना उपयुक्त होगा, न कि यह कहना कि "यथार्थ पर अँधेरे की एक चादर डालकर—उभारकर रख दिया है।" हाँ, उस अँधेरे को स्वप्नमयी दुनिया के अँधेरे की रंग-प्रकृति के सहयोग से वह जो क्षमताएँ पैदा करते हैं, अन्तिम आदर्श-स्वप्न के पास हमें ले जाकर खड़ा कर देती हैं। 'अँधेरे में' के कवि मुक्तिबोध के शब्दों में "कविता की फैंटेसी का ढाँचा तो अपना होता है किन्तु वह जीवन तथ्यों के रंग से अनुस्यूत होती है।" मुक्तिबोध ने 'अँधेरे में' कविता में स्वप्न-फैंटेसी के इस्तेमाल को जीवन-तथ्यों की यथार्थता को अनुस्यूत करने के लिए उठाया है तथा सामूहिक मन की निगूढ़ वृत्तियों को, अनुभूत जीवन की समस्याओं को तथा जीवन-दृष्टि को प्रक्षेपित किया है। इस सारे कार्य-व्यापार में सृजनशील कल्पना की सक्रिय भूमिका द्वारा कवि-चेतना अनुभव की तिक्तता से एक अपेक्षित दूरी कायम कर लेती है। निरावेगी, संयत एवं निर्वैयक्तिक होकर व्यापक अनुभव-सूत्रों को समाहित कर लेती है। इस प्रकार कविता में फैंटेसी व्यवहार से कविता आत्मबद्धता से मुक्त रहकर वृहत्तर सन्दर्भों से सहज ही जुड़ जाती है। आत्मपरक प्रगति न बनकर वस्तुपरक लम्बी कविता की प्रकृति एवं विशिष्टता अर्जित कर लेती है। 'अँधेरे में' कविता में स्वप्न-फैंटेसी की उक्त प्रक्रिया को घटित रूप में देखा जा सकता है। फैंटेसी रोमांटिकता में

ही नहीं ले जाती बल्कि उससे यथार्थ की पहचान की क्षमताएँ भी पैदा की जा सकती हैं। इस सन्दर्भ में मुक्तिबोध का कथन है, "रोमांटिक होने मात्र से भावना का ज्ञानात्मक आधार कमजोर नहीं होता। ज्ञानात्मक आधार कमजोर तब होता है जब कवि समाज को प्राप्त अद्यतन ज्ञान की अपेक्षा कर अद्यतन ज्ञान द्वारा संप्रेषित भावनाओं से दूर हटकर केवल अपने एकांतिक निबिड़ लोक में ही विचरण करते हैं। ज्ञान का अर्थ केवल वैज्ञानिक उपलब्धियों का बोध ही नहीं है, वरन् समाज की उत्थानशील तथा ह्रासोन्मुख शक्तियों का बोध भी है।"[2]

मुक्तिबोध जैसे वैचारिक-सजक कवि की कविताओं में निर्णय की प्रकृति और निर्णय तक पहुँचने की प्रक्रिया रचना के आन्तरिक दबाव, विचार और स्थिति की टकराहट में विकसित होती है। सृजन-प्रक्रिया के दौरान ही वह निष्कर्षों की ढूँढ़ में निकलते हैं और इसी ढूँढ़ का परिणाम होता है कि रचनाएँ लम्बी होती जाती हैं। किन्हीं पहुँचे हुए पूर्व-निर्धारित निर्णयों-निष्कर्षों की ये कविताएँ नहीं हैं। रचनाओं की प्रदीर्घता में कवि-मन की विचार और द्वन्द्व की सतत टकराहट है। कभी तनाव और कभी ढील के अन्तराल वहाँ मौजूद हैं। कई-कई बैठकों में, एक लम्बी अवधि तक फैली रचना अवधि वैचारिक हो सकती है। वैचारिक मनःस्थिति की प्रश्नाकुल ढूँढ़ पूर्व निर्मित-स्वीकृत निष्कर्षों को भी इसलिए नकार देती हैं, क्योंकि उनमें रचनात्मक तर्कों की पहचान धुँधली और बलात् ओढ़ी हुई लगती है। इस प्रकार वह जिन निर्णयों की तलाश में निकलते हैं, वे पहले की सामाजिक-कलात्मक व्यवस्थाओं के प्रति भी शंका उत्पन्न करते हैं। इस सन्दर्भ में ये पंक्तियाँ उल्लेखनीय हैं :

"अब अभिव्यक्ति के सारे खतरे
उठाने ही होंगे
तोड़ने होंगे ही मठ और गढ़ सब।"

'अभिव्यक्ति के खतरे' से तात्पर्य मात्र अभिव्यक्ति से नहीं, न ही 'अस्मिता की खोज' से है अपितु उससे भी आगे 'मस्तक कुंड में जलती सत्-चित् वेदना, व गलती—मस्तक-शिराओं में तनाव दिन-रात'—की ऐतिहासिक पीड़ाओं की समूची प्रतिकृति के बदले ऐच्छिक-आदर्श प्रतिकृति को पाने की ढूँढ़ है।

'अँधेरे में' का कवि-नायक 'असाध्यवीणा' के केशकम्बली की आत्मलीन साधना की अपेक्षा बाह्य से अधिक जुड़ा हुआ है। सामाजिक संघर्षों को आत्मसंघर्ष बना चुका है। अन्तर-बाहर के संघर्ष के अनेक पक्ष और स्तर हैं यहाँ जो अन्तःसंघर्षों

से भौतिक संघर्षों तक व्याप्त है। 'अँधेरे में' के छोटे वृत्तों से वैश्विक वृत्तों तक जुड़ी यह शाश्वत मानवी संघर्ष की गहन कथा है, जिसे स्वप्न और फैंटेसी शैली के सम्मिलित माध्यम से परत-दर-परत, वृत्त-दर-वृत्त उघाड़ा गया है। व्यक्ति के अँधेरों के रूप-रंग, जिन व्यापक सामाजिक-सामूहिक मानवीय अँधेरों से जा मिलते हैं, उनके पीछे छिपे मानव-विरोधी चेहरों, आकांक्षाओं, आशयों के रहस्यों को मुक्तिबोध बाखूबी खोलते हैं। वह किसी रहस्य की रचना नहीं करना चाहते, बल्कि रहस्यों पर से पर्दा उठाना चाहते हैं।

'अँधेरे में' में आद्यंत अँधकार की मौजूदगी का तनाव है। अँधेरे का परिज्ञान मूल्य-स्तर पर भी उद्‌घाटित हुआ है और निराशा-हताशा के अर्थों में भी। इसी व्यापक अँधेरे के अनुभव से वह अपने परिवेश एवं अन्य हम-वर्गी लोगों से जुड़ा है :

"अँधेरे के ओर-छोर-टटोल-टटोल कर
बढ़ता हूँ आगे
पैरों से महसूस करता हूँ दुनिया
मस्तक अनुभव करता है आकाश
दिल में तड़पता है अँधेरे का अंदाज़
आँखें ये तथ्य को सूँघती-सी लगतीं
केवल शक्ति है स्पर्श की गहरी"

इस प्रकार अँधेरे को ऐन्द्रिक आयामों में नापकर सम्वेदनाओं का विषय बनाया गया है। फिर ज्ञानात्मक पक्ष से जोड़कर प्रगतिशील द्वन्द्वात्मक विचार की गहरी फिक्र का स्वरूप उभरता है :

"चक्र से चक्र लगा हुआ है...
जितना ही तीव्र है द्वन्द्व क्रियाओं-घटनाओं का
बाहरी दुनिया में
उतनी ही तेजी से भीतरी दुनिया में
चलता है द्वन्द्व कि
फिक्र से फिक्र लगी हुई है"

यह गहराता हुआ तनाव, ज्ञान के कारण ही, ज्ञान के बल पर ही प्रेम-अतिशयता में परिणत होता है :

"अत्यन्त उद्विग्न ज्ञान-तनाव यह
सकर्मक प्रेम की वह अतिशयता
वही फटेहाल रूप!!
परम अभिव्यक्ति
लगातार घूमती है जग में
पता नहीं जाने कहाँ, जाने कहाँ
वह है।"

'अँधेरे में' का प्रकाश-पुरुष—कवि आदर्श-परम-अभिव्यक्ति, खोह में से निकलकर किसी राजदरबार में नहीं, अपितु जग में जाने कहाँ-कहाँ फटेहाल घूमती है। इस प्रकार कवि का वैचारिक ऊर्जस्वित रूप-आदर्श इस कविता में जन-पक्ष में समर्पित हो जाता है।

'अँधेरे में' कविता को आलोचकों ने दुरूह बताया है। ठीक, यह कविता दुरूह है। माना! किन्तु दोष की तरह नहीं। क्या आज का यथार्थ इतना सरल-सीधा है कि आम आदमी उसे सहज बुद्धि से समझ सके? आये दिन व्यवस्थापकीय बुद्धि दमन एवं स्वार्थ-साधन के नए-नए तरीके ईज़ाद करके अपने परतों में ढकती-छुपाती जा रही है, उसकी इस दुरूह प्रकृति-व्यवहार को खोजने वाली रचना सरल कैसे रह जाएगी? दुरूह सत्य-यथार्थ को प्रकट न कर सकने वाली आसानी किस काम की। परतदार पेचीदगी में छुपा यथार्थ तो सभी पेंच खोलकर ही दिखाया जा सकता है।

अतः अपने संवेदनात्मक उद्देश्यों में कवि की सफलता के साथ हम यह भी जोड़ना चाहेंगे कि 'अँधेरे में' कविता हिन्दी की लम्बी कविताओं का एक आदर्श रूप प्रस्तुत करती है—एक मानक इकाई, जो उसके तत्वों को बुनियादी आधार भी प्रदान करे। यह कविता अपने दृष्टि-प्रक्षेप के आधार पर अपने समय से बहुत आगे की कालावधि को प्रभावित करने वाली विशिष्ट रचना है।

सन्दर्भ

1. कविता के नये प्रतिमान, पृ. 160
2. एक साहित्यिक डायरी, अन्तिम अध्याय।

व्यवस्था का शाश्वत विरोध*

'मुक्तिप्रसंग' में कवि ने अपने कथ्य को तीन स्तरों पर उठाया है। स्वातन्त्र्योत्तर काल का व्यक्ति, राष्ट्र और अन्तर्राष्ट्रीय स्तर—तीनों को एक साथ गूंथा है। तीनों सन्दर्भ आप में प्रायः समान्तर और परस्पर उलझे हुए हैं। इन्हें एक विशिष्ट सन्निधि में तनावपूर्ण मुहावरे में पिरोया गया है। कहीं-कहीं तो मात्र एक शब्द को रखकर विस्तृत अर्थ-सन्दर्भ और व्यापक अर्थ-ग्रहण किया गया है। आन्तरिक-स्तरों के साथ बाह्य जीवन-यथार्थ के सूत्र परस्पर गुँथे हुए हैं। वैयक्तिक चेतना अपनी लपेट में व्यापक सामाजिक सन्दर्भों को समेट लाई है :

"कोई शिकायत नहीं है मुझे उससे
कोई शिकायत नहीं है उन लोगों से मुझे
जो न्यूजप्रिंट पर लिख रहे हैं मेरे देश के इतिहास
अथवा मेरे शरीर का आख्यान टेंप्रेचर चार्ट पर
कोई शिकायत नहीं..."

"मैं इतिहास-पुस्तक की तरह खुला पड़ा हुआ हूँ
लेकिन मेरा देश मेरा पेट मेरा ब्लाडर
मेरी अन्तड़ियाँ खुलने से पहले
सर्जनों को यह जान लेना होगा
हर जगह नहीं है जल अथवा रक्त अथवा मांस
अथवा मिट्टी

* मुक्ति प्रसंग : राजकमल चौधरी ('कामायनी' भिखना-पहाड़ी ख्दक्षिण, पटना-4 से प्रकाशित, 1966

केवल हवा कीड़े जख्म और गंदे पनाले अधिक स्थानों पर इस देश में
जहाँ सड़कर फट गईं हैं नसें वहाँ हवा तक नहीं
ऊपर की त्वचा चीरने पर आग नहीं निकलेगी न ही धुआँ
जठराग्नि...दावानल...
सब बुझ गए अचानक पहले पन्द्रह अगस्त की पहली रात के बाद
अब राख ही राख बच गया है पीला मवाद।''

यहाँ पहले उद्धरण में इतिहास-पुस्तक की तरह कवि-व्यक्ति की देह खुली है और दूसरे उद्धरण में इतिहास-पुस्तक की तरह खुली पड़ी अपनी देह के साथ वह देश के रोगों का साक्षात्कार भी करता है। इसके साथ तीसरा स्तर है महाशक्तियों की विश्व राजनीति का :

''जिसे बेडौल टुकड़ों में बाँटकर अलग-अलग चाहते हैं।
भोग करना बनिये-सौदागर
इस दुनिया की सबसे नंगी सबसे मजबूत औरत का नाम है वियतनाम
उत्तर वियतनाम और दक्षिण वियतनाम
उत्तरी कोरिया और दक्षिणी कोरिया
सफेद अफ्रीका और काला अफ्रीका...''

व्यक्ति, राष्ट्र और अन्तर्राष्ट्रीय स्थितियों के वर्तमान के यथार्थ सन्दर्भों को मुक्ति-प्रसंग में उठाया गया है। इन तीनों के तीन प्रकार के रोग हैं। वैयक्तिक-देह की राजनीति के फलस्वरूप कवि द्वारा गृहीत मूत्र-रोग, सुजाक, किडनी-कैंसर से जर्जर शरीर जिससे उसे छुटकारा नहीं और कवि-चेतना में मृत्यु की प्रसन्नता में मुक्ति की तीव्र कामना है—स्वस्थ होकर पुनः वापिस लौटने की तीव्र इच्छा। देशीय स्थितियों में—''भीड़, जुलूस, लाठीचार्ज, जन-आन्दोलन, आम सभाओं के श्रोता, वक्ता, भोक्ता गेहूँ के सिवा कोई बात नहीं कहते।'' आम चुनाव में जाति (वाद), संसदीय अधिनायकवाद, बजट के अंकों-टैक्सों के रेखागणित में डूबे हुए इस देश में जनसंख्या सबसे भयावह प्रश्न है। 'लूप का इस्तेमाल करना चाहिए' आदि तथा तीसरे अन्तर्राष्ट्रीय सन्दर्भ में वियतनाम, हिंदेशिया, कांगो, रोडेशिया; चन्द्रमा के वक्षस्थल पर बैठकर चित्रांकन करता है 'सर्वेयर विमान' और :

''वियतनाम में उड़ी-पुंछ में यू.एन.ओ. में
तिब्बत बस्तर काले अफ्रीका में

वह आगे बढ़ता है राइफल का निशाना साधने के लिए
नागालैंड में विदेशी बमों से निरीह यात्री-रेलगाड़ियाँ
उड़ाता है शान्तिपूर्वक
शान्तिपूर्वक कभी भेजता है कोरिया कभी क्यूबा कभी पाकिस्तान
कभी वियतनाम कभी अल्जीरिया
कभी अपनी संस्कृति कभी अपनी मशीनें अपने टैंक-जहाज-हथियार
मूल्य नियंत्रण के लिए कभी उड़ीसा में दुर्भिक्ष
काहिरा में कभी शक्ति-सम्मेलन युद्ध अणु-आयुध नियंत्रण के लिए
कभी दंड कभी साम
कभी ईसामसीह और कभी वेश्याओं के नाम
निम्फेट-लड़कियों के बलात्कार हत्या
पशु-यंत्रणाओं के संगीतस्वर टेप में।"

ये समस्त सन्दर्भ विश्व में राजनीतिक, क्रूर, टुच्चे, शीत-उष्ण, प्रकट-अप्रकट राजनीतिक हथियारों-व्यवहारों को उजागर करते हैं। विश्व-राजनीति के ये रोग देशों-प्रदेशों को घेरे हुए हैं।

उक्त तीनों स्तरों पर तीनों प्रकार के रोग आपस में बे-तरह उलझे कार्य-कारण सम्बन्धों की रचना के सिलसिले बुनते हुए मकड़ी के जाले की तरह अनुस्यूत हैं। परिदृश्य के परिज्ञान की इस क्रिया में कवि का अर्जित किया हुआ जन्म (1930) से मृत्यु (1966) तक का गहन प्रथम कोटि का साक्षात्कृत-स्वानुभूत अनुभव पर आधृत ज्ञान है। शरीर-रोगों से लेकर राष्ट्रीय-रोगों और अन्तर्राष्ट्रीय रोगों तक फैलाव, उनके कारणों, तत्वों, संज्ञाओं और विश्लेषणों की पहचान भी छितराई-गुँथी हुई है :

"मैं सोया हुआ वर्तमान हूँ"

इस रुग्ण सोए हुए वर्तमान की 'स्व'-आबद्ध स्थितियों को कवि वृहत्तर सन्दर्भों में फैलाकर देखता है। 'वर्तमान' से अनुचिन्तनात्मक क्रियाओं में उड़ान भरता है।

'मुक्ति-प्रसंग' में रोगाबद्ध कवि का मानसिक चिन्तन अपस्मार (Hysteria) और निद्रा के बार-बार पड़ने वाले दौरों से ग्रस्त है।[1] इसी कारण वह कहीं पर कुछ बड़बड़ाता हुआ-सा लगता है, जैसे सोच और निद्रा एक साथ घटित हो रहे हों। ऐसे में व्यक्ति, देश और विश्व-सन्दर्भ उसकी सोच में कौंध-कौंध जाते हैं। अजीब-सी यह क्रिया एक अराजक विधान करती है जिसे कवि-चेतना की तत्कालीन

असाध्य रोग-ग्रस्त स्थिति-सापेक्षता में ही देखा जा सकता है।

रमेश कुन्तल मेघ इस सन्दर्भ में लिखते हैं—''कैंसर-सुजाक से ग्रस्त शराब और गांजे के काफिर इस मनोरोगी कवि की 'मुक्ति-प्रसंग' एक ऐसी मनोरोगात्मक (साइकोपैथिक) केस हिस्ट्री के साथ-साथ ऐसी जटिल मानवीय रचना है जिसमें सन्निपात, अतिमूर्च्छा, मायावरण, भ्रम-संभ्रम, शिजोफ्रेनिया आदि के लक्षण घुल-मिलकर उसे एक ऐसी कलाकृति (रचना) बनाते हैं जहाँ चिन्तन में एक ओर बिखराव है, दूसरी ओर व्यवधान है तथा तीसरी ओर साहचर्यों की शृंखला का विघटन है। फलतः कवि/रोगी ने तार्किक दृष्टि से संबद्ध बिम्बों को भी कुछ विरोधाभासों, विपरीत्यों, समानताओं के आधार पर जोड़ दिया है। (मैं=देश, माँ=औरत आदि)''[2]

चिन्तन-प्रक्रिया के साथ ही रचना-प्रक्रिया भी जुड़ी हुई है। विभिन्न ब्यौरों के विशृंखलित-अराजक विधान में कवि की मानसिक प्रक्रिया का अनुसंधान करते हुए विश्वम्भरनाथ उपाध्याय लिखते हैं—'' 'मुक्तिप्रसंग' की रचना-प्रक्रिया सामुद्रिक या तरंगमय है। एक लहर उठती है, ध्यान में एक बात आती है और बड़े जोर का आघात लगता है जैसे बड़े वाक्यों की लहर पाठक के लिए सिर पर खड़ी हो। फिर वह लहर थम जाती है और दूसरी ओर ध्यान चला जाता है, दूसरी तरंग फनफनाती हुई, फेन उगलती हुई, तीव्र वेग से उठती है और फिर तीसरी, चौथी, पांचवीं लहरें उठती-गिरती चली जाती हैं। लहरों जैसे लम्बे वाक्यों में न रोक है, न विराम चिह्नों का प्रयोग इसलिए 'मुक्ति-प्रंसग' में नहीं है। तीव्रता या संवेग जब चरम सीमा पर पहुँचता है तब लहर में स्वतः उतार आ जाता है, उसके लिए चेष्टा नहीं की गई।''[3]

इस तरंगमयी चिन्तन-प्रक्रिया के कारण और अनुभूति की जटिलता के कारण भी कथ्य उलझा हुआ है :

''और कविता में जटिल थे किन्तु लांछित भी थे
कोई काव्य-खंड या प्रतिमा बनाने के योग्य नहीं थे अनुभव
संगीत-रंग पीड़ाएँ मेरे अन्तराल में
रोगदग्ध परिस्थितियाँ...''

इन संगीत-रंग-पीड़ाओं और रोगदग्ध-परिस्थितियों से मुक्ति की चेष्टा में रत कवि का चिन्तन आसन्न मृत्यु-भय से मुक्त नहीं है। 'स्व' की मुक्ति के साथ देश और विश्व-मुक्ति (समस्याओं-पूँजीप्रभुओं का राजनीतिक कुटिलताओं से छुटकारा) भी जुड़े हुए हैं और सोच में पिरोए हुए हैं :

"आदमी क्यों प्यार करता है युद्ध क्यों परिवार-नियोजन
क्यों बर्लिन की दीवार
क्यों देश-प्रेम क्यों अफीम की गोलियाँ क्यों चेप्लिन की फिल्में
क्यों ताशकंद-सम्मेलन क्यों रीढ़ की हड्डियों में
मैंग्रीन
मादाम नू क्यों-क्यों दास-कैपिटल
क्यों सुकरात क्यों सेगाँव की बौद्ध भिक्षुणियाँ जल मरती हैं
क्यों गार्गातुओं की कहानियाँ क्यों काश्मीर के लिए
सेनाएँ क्यों अजन्ता
क्यों एक ही युद्ध मेरी कमर की हड्डियों में और कभी वियतनाम में
होता है क्यों इन्दिरा गाँधी क्यों तुम वह
मैं क्यों कुछ नहीं कुछ नहीं।"

इस लम्बी प्रश्नावली के पीछे चलती कवि की चिन्ता, चिन्तन और विक्षोभ लगातार एक तनावी मानसिकता को रेखांकित करते हैं। इन सारे कारण-सन्दर्भों को लेकर कवि गहरी मानसिक उथल-पुथल में से गुजरता है :

"और अभी मैं चिन्ताग्रस्त हूँ
केवल यह तमाशा देखता हूँ..."

"अतएव अरण्य-रोदन सुनकर मैंने तय किया था
स्मारकों और सचिवालयों को हमेशा के लिए भूल जाऊँगा..."

चिन्ता और चिन्तन में डूबा हुआ कवि अपनी चेतनागत गहराइयों में डूबता-उतराता है, किन्हीं निर्णयों पर पहुँचने की प्रक्रिया की ओर बढ़ता है।

यह चिन्तन-प्रक्रिया चेतन-अवचेतन के साथ न्यूरोसिस के सन्दर्भों में घुलीमिली हुई है, जहाँ कई-कई सन्दर्भ अपनी तार्किक स्थिति, सीमा, सम्बन्ध खोकर गडमड रूप में संक्रमित हो गये हैं। सामाजिक सम्बन्ध असामाजिक अतियों में, राजनीतिक समझ सर्व-राजनीतिक विरोधी अराजक विचार में, नगरीय सन्दर्भ और रुग्ण दैहिक-आवयविक सन्दर्भ परस्पर गुँथ गये हैं। औरत, माँ, बीवी और नीली उग्रतारा के सन्दर्भ, "मेरी सड़कें परस्पर मेरी शिराएँ मेरा यह छोटा-सा देह नगर... ।" कवि "अपनी अतीन्द्रिय चेतना की अन्तहीन यात्रा-प्रक्रिया" में डूबा हुआ सोच में से

गुजर रहा है। उस चिन्तन-प्रक्रिया से अजीब प्रकार की उपलब्धि होती है। कवि के शब्दों में :

> *"इस प्रकार स्थान-पात्रों में घुलमिल जाता था संगीत*
> *बन जाता था जुलूस भूख-मार्च हाहाकार*
> *रंग में अल्कोहल भाषा में केवल बीते हुए गलित व्रण*
> *केवल चीत्कार"*

'मुक्ति-प्रसंग' की चिन्तन-प्रक्रिया अवचेतन (अतीन्द्रिय चेतना) प्रक्रिया की अन्तहीन यात्रा-प्रक्रिया है जो पहले एक संगीत में परिणत होती है और फिर हाहाकार और वृहत्तर चीत्कार को समाहित कर लेती है।

सम्पूर्ण कविता एक लगातार तनावभरी-तरंगमयी मनःस्थिति में लिखी गई है। मृत्यु और मुक्ति की गहरी टकराहट से उत्पन्न द्वन्द्व-चेतना समूची कविता के मूल में विद्यमान रहकर रचना-प्रक्रिया को प्रभावित किए हुए है। तनाव की स्थितियाँ कहीं-कहीं अधिक उभार लेकर आई हैं :

> *"ग्यारह बजकर उनसठ मिनट पर*
> *हर रात शहीद-स्मारक के नीचे नंगी होती है*
> *पागल काली एक मरी हुई स्त्री*
> *उजाड़ आसमान में दोनों बाँहें फैलाकर रोने के लिए*
> *रोते हुए सो जाने के लिए*
> *पानी और अनाज के देवताओं से भीख माँगती है।"*
> *"हँसने लगता हूँ मैं लिफ्ट के नीचे*
> *हावड़ा-ब्रिज के नीचे*
> *महारानी विक्टोरिया की महाकाय मूर्ति के नीचे खड़ा होकर*
> *मैं हँसने लगता हूँ*
> *हँसता हुआ गाने लगता हूँ भारत-भाग्य-विधाता*
> *जय हे जय"*

उक्त दोनों उद्धरणों में दो मनःस्थितियाँ लिपिबद्ध की गई हैं..., पहली रोने की, दूसरी हँसने की। इन दोनों में काव्यार्थ एवं प्रयोग की दृष्टि से कोई विशेष अन्तर नहीं है। द्वन्द्वात्मक तनाव दोनों में एक हद को लाँघ गया है। पागल काली स्त्री शहीद स्मारक के नीचे रोने लगती है, तो कवि महारानी विक्टोरिया की मूर्ति

के नीचे खड़ा होकर हँसने लगता है। यह नंगे होकर रोने और हँसने वाली स्थितियाँ पीड़ा की इंतहा के बाद अर्द्ध-विक्षिप्तावस्था तक पहुँच की परिचायक हैं। स्नायविक तनाव की स्थितियाँ भी गहरें मानसिक विघटनात्मक तनावों से व्युत्पन्न हैं। सम्पूर्ण कविता में एक स्वाभाविक तनाव छाया हुआ है, जो पाठक को भी अपने चंगुल में लपेटता जाता है :

"प्रत्येक बार होता है प्रकृति के साथ
निद्रामयी अवचेतन समाधिस्थ-प्रकृति के साथ
बर्बर पैशाची बलात्कार
जब भी मैं रचना चाहता हूँ कोई स्वप्न कोई कविता"

कविता की रचना-प्रक्रिया से गुजरना कवि के लिए बलात्कार के समय की तनाव भरी स्नायविक और मानसिक स्थिति से गुजरने के तुल्य है। मुक्ति-प्रसंग में यह तनाव पंक्तियों की लम्बाई से लेकर उनके चेतनागत उठानों तक सर्वत्र छाया हुआ है। अन्ततः :

"आवाजें दरवाजे तोड़ने लगी थीं
झनझनाती थीं खिड़कियों के शीशे तानाशाह रोशनी सर्चलाइटों की
साइरन की लम्बी जहरीली चीखों के बाद
फौजी स्वर में हर दफा कोई गरजता है बाहर चले आओ
अभी बम गिरेगा बाहर चले आओ अभी अकाल-दुर्भिक्ष पड़ेगा
बाहर चले आओ अभी फटेगा ज्वालामुखी
यह शहर भस्म हो जाएगा
बाहर चले आओ सुरक्षा-खाइयों में छिपने के लिए..."

दरवाजे तोड़ती आवाजें, साइरन की लम्बी चीखें, बाहर चले आओ की गर्जना, बम गिरने और शहर के ध्वस्त होने की आशंकाएँ उस कवि के अवचेतन मन की प्रतिलिपियाँ हैं, जो आसन्न मृत्यु के भय, यन्त्रणा, द्वन्द्व, तनाव के क्षणों को लम्बे समय तक भोगता हुआ चरम स्थितियों को पहुँच रहा है।

अन्ततः इस लम्बी यातना-शृंखला में भटकने के उपरान्त उधेड़-बुन, वृत्तांतों-वर्णनों-ब्यौरों के पश्चात्, कवि के जीवनानुभवों के निचोड़ भी उपलब्ध होते हैं। वह जिन नतीजों पर पहुँचता है; वे निराशकारी सिद्ध होते हैं। कवि एक शून्य का साक्षात्कार करता है :

"मेरा अस्तित्व
अपनी अलौकिक नग्नता में डूब गया है
संज्ञा विहीन-ज्ञानहीन
समय अब मेरे लिए केवल नीलापन है केवल नीलापन शून्य है
शून्य है स्थान काल और पात्र गतिहीन आकारहीन"

पुनः गहरी मूर्च्छा की स्थिति और उससे पहले ऑपरेशन-टेबल पर बार-बार रखी जाती अपनी देह एवं असाध्य होती जाती बीमारी से पूर्व की चेतना अब 'संज्ञा-विहीन' 'ज्ञानहीन' होने का उल्लेख करती है। यह स्पष्ट है कि मृत्यु का स्वीकार चेतना में गहरे उतर चुका है। स्थान-देश-काल के बोध से विमुक्त, एक 'गतिहीन' 'आकारहीन' को, काल्पनिक साक्षात्कार में कवि भोग चुका है।

इस स्थिति से साक्षात्कृत होकर—मुक्त होकर कवि कहता है :

"अपनी देह-सीमाओं के विषय में ईश्वर के प्रति
एक ही प्रार्थना हो सकती है आधुनिक मनुष्य की
व्यक्तिगत प्रार्थना अपनी मुक्ति के लिए—
संगठन और संस्थाओं के विरुद्ध हो जाना
अर्थात् शासन-तन्त्र-और सेनाओं के
विरुद्ध हो जाना अपनी इकाई बचाने के लिए एक ही प्रार्थना
वास्तविक जीवन में और कविता में।"[14]

कवि अन्ततः, अपनी रचना में से, रचनात्मक शक्ति के बल पर अर्जित सत्य में भी विद्रोही सिद्ध होता है। उसका यह दर्शन यों तो गिंसवर्गीय विचारों के साथ साम्य रखता है, किन्तु यह सत्य ओढ़ा हुआ या आरोपित न होकर कमाया हुआ सत्य है कि संगठनों-संस्थाओं के विरुद्ध होकर ही आधुनिक व्यक्ति अपनी इकाई को बचा सकता है—यानी उसे मुक्त रख सकता है। यों मृत्यु तो अवश्यम्भावी है उसका स्वीकार, स्वतन्त्र और मुक्त मन का स्वीकार होना चाहिए। संगठनों के, संस्थाओं के विरुद्ध होना—कवि के इस तर्क से जुड़ा हुआ है कि :

"आदमी को तोड़ती नहीं है लोकतान्त्रिक पद्धतियाँ केवल पेट के बल
उसे झुका देती हैं धीरे धीरे अपाहिज
धीरे धीरे नपुंसक बना लेने के लिए उसे
शिष्ट राजभक्त देशप्रेमी-नागरिक
बना लेती हैं।"[15]

इसलिए–

> *"आदमी को लोकतन्त्री संसार से अलग हो जाना चाहिए*
> *चले जाना चाहिए कस्साबों गांजाखोर साधुओं*
> *भिखमंगों अफीमची रंडियों की काली और अँधी दुनिया के मसानों में*
> *अधजली लाशें नोचकर*
> *खाते रहना श्रेयस्कर है जीवित पड़ोसियों को खा जाने से*
> *हम लोगों को अब शामिल नहीं रहना है*
> *इस धरती से आदमी को हमेशा के लिए खत्म कर देने की*
> *साजिश में।"*[6]

कवि का यह निर्णय, उसका यह फैसला विश्व एवं देशीय राजनीति के ओछे, अमानवीय हथकंडों, भूख, महामारी और युद्ध के विरोध में है। मनुष्य को हमेशा के लिए खत्म कर देने की साज़िश के विरोध में सभी प्रकार की वर्तमान राजनीतिक सत्ताओं का बहिष्कार है। मनुष्य के पक्ष में एक मानवीय ऐलान है।

मुक्ति-प्रसंग में केन्द्रीय प्रतीक उग्रतारा का है। इस प्रतीक के चारों ओर समस्त सन्दर्भ, विकसित होते हैं। इस प्रतीक को खोलने पर ही 'मुक्ति-प्रसंग' कविता समझी जा सकती है। उग्रतारा को ही अनेक स्त्री रूपों में राजकमल ने संदर्भित किया है।

राजकमल चौधरी ने उग्रतारा को मिथकीय धरातल पर उठाया है। तन्त्र-साधना के पारिभाषिक शब्दों का वह खुलकर प्रयोग करता है। कविता के आरम्भ में पाँचवीं पंक्ति में ही :

> *"मेरे ही रक्त के शंख-चक्र सामुद्रिक स्वाद में*
> *जलते हुए मेरे होंठ दुहराते हैं वही एक शब्द बार-बार बीजमन्त्र*
> *वही एक नाम कामतन्त्र..."*

तन्त्र साधनात्मक मुक्ति में वामाचार और पंचमकार का भी प्राधान्य होता है जो मुक्ति-प्रसंग में सूत्रित हुआ है। कामतन्त्र को यहाँ महत्ता मिली है। अतः :

> *"मसूरी-हिल की नीली दरारों में योगासन*
> *करती हुई देवकन्याएँ*
> *नीली नदी थी मेरे गाँव की उन्मादिनी*

नीली उग्रतारा"
"वह नीलकन्या
फिर भी मेरे ही रक्त के सामुद्रिक स्वाद में सने हुए
मेरे होंठ दोहराते हैं
वही एक शब्द बार-बार वही एक नाम वही एक नदी
वही एक नीली उग्रतारा
जिसे मैं धन्यवाद देना चाहता हूँ अपनी आन्तरिक कृतज्ञता
इस दशमुख विध्वंस के लिए
खड़ी हुई आँखों का मवाद ईथर की गंध किडनी में
कैंसर के रक्त-श्वेत पुष्प
चौराहे पर मरा हुआ रक्तश्लथ कुंडलिनी का कालसर्प खंड-खंड"

"उपदंश-महादंश की नरक कुंड बीज़ात्माएँ"

"कौलिक पूजागृह से चुराकर बेचे गए
शालिग्राम के बदले
खरीद लाये गए शक्तिपीठ योनिमुखों में सात नरकों की दुर्गंधियाँ
भस्म हो गईं सती-दहन दुर्गंधि में धुएँ में
इक्कीस साल पहले
इड़ा पिंगला सुषुम्ना मेरी जुड़वाँ बहनें"

उक्त उद्धरणों में प्रयुक्त 'योगासन', 'देवकन्याएं', 'उग्रतारा', 'सामुद्रिक स्वाद', 'दशमुख विध्वंस', 'कुंडलिनी', 'उपदंश', 'महादंश', 'कौलिक पूजागृह', 'शक्तिपीठ', 'इड़ा', 'पिंगला', 'सुषुम्ना', 'काममुद्रा', 'आदिकन्या' आदि पारिभाषिक शब्दों में योगसाधना के अर्थ-सन्दर्भ खुलते हैं। इन मिथकीय प्रयोगों के द्वारा राजकमल चौधरी एक मुक्तिकामी तान्त्रिक अनुष्ठान की रचना भी करते हैं। मुक्ति का वामाचारी मार्ग ही उन्हें इष्ट है। इसलिए मदिरा, मांस, मैथुन की महा-मुद्राएँ प्रयुक्त हुई हैं। इसी तान्त्रिक साधना में उग्रतारा का मिथकीय प्रयोग हुआ है :

"तेरह हजार वर्ष पहले मेरुदंड-पर्वत की
काली चट्टानों से तराशी गई
तेरह वर्ष की एक लड़की का नाम है उग्रतारा"[7]

उक्त उद्धरण में उग्रतारा के जन्म के मिथक को कवि ने प्रकट किया है, किन्तु यही उग्रतारा प्रकृति का प्रतीक होकर शाश्वत नारी का प्रतीक भी बन गई है। कवि स्वयं को शिव, इष्ट देवता कहते हैं :

''एक ही स्थान एक ही काल एक ही पात्र में
मेरे होने और नहीं होने की इस अनुभूति ने मुझको
उसके पाँवों के नीचे
शिव-मूर्ति स्थापित कर दिया है समाधिस्थ
अब तुम मेरी पूजा करो उग्रतारा मैं सोया हुआ वर्तमान हूँ—शिव हूँ
तुम्हारे पाँवों के नीचे होकर भी तुम्हारी जिह्वा में तुम्हारे स्वरों में
तुम्हारे योनिमार्ग में
तुम्हारी रक्त नलिकाओं में
तुम्हारे हृदय-पिंड में तुम्हारे मांस-मज्जा-अस्थियों में
तुम्हारे गर्भाशय में होने का
बार-बार इसी प्रकार होते रहने का अधिकार
मैंने उपलब्ध किया है
कविता से पहले और मृत्यु से पहले तुम मेरी पृथ्वी हो और
मैं तुम्हारा इष्ट देवता हूँ और कवि हूँ तुम मुझे
जन्म देती हो और मेरे साथ रमण करती हो
अपनी कविता में''

इस प्रकार हम देखते हैं कि कवि स्वयं शिव-शाश्वत पुरुष और उग्रतारा-प्रकृति-शाश्वत नारी के प्रतीकार्थों में प्रयुक्त हुए हैं। कवि स्वयं इस उग्रतारा का उपासक भी है और उपास्य—इष्ट देवता भी हैं। वह उग्रतारा से जन्म भी लेता है, मुक्ति भी चाहता है और उससे रमण भी करता है।

अतः हम देखते हैं कि राजकमल चौधरी अपनी कविता और मृत्यु से पूर्व इस धरती के उद्धार और मुक्ति की बात करते हैं। उसी में भारत की और राजकमल चौधरी की मुक्ति तथा स्वाधीनता भी सम्मिलित है। इस प्रकार कवि मिथक, इतिहास और वर्तमान समाज तक की यात्रा को कविता में चरितार्थ करता है। वीभत्स, औघड़, नग्न, अप्रिय दृश्यों-सन्दर्भों में जाने की साहसिकता से लेकर मृत्यु के सर्व-स्वीकार तक की दुःसाहसिकता से वह एक नए समकालीन यथार्थ के सौन्दर्य को उजागर करता है। इससे कवि के संवेदनात्मक उद्देश्यों की गहराई,

व्यापकता और व्यग्रता तो सिद्ध होती है, साथ ही समस्त घृणित के साथ टकराने के जोखिम भी अप्रकट नहीं रहते। स्नायविक उत्तेजनायुक्त रोगापन्न तनावी मुहावरा किसी सुविचारित मानसिक स्थिरता के विपरीत-मूर्च्छा-अचेतावस्था की बड़बड़ाहट और कभी आवेगमय भावापन्न व्यवहार शिल्प को बेतरह बिखराते या विखंडित करते हैं। कुल मिलाकर अपने रुग्ण देह-प्राण से मुक्ति, देश-देशान्तरों की मुक्ति के समानान्तर, यहाँ काम्य है; जो मिथकीय सन्दर्भ-प्रतीकों में वाग्मिता-पूर्ण ढंग से फलित हुई हैं। यहाँ फलित विचार और निर्णय अन्तर्राष्ट्रीय क्षितिज पर उभरे मानव के पक्षधर युद्ध-विरोधी विचार के साथ अपना सम्बन्ध जताता है।

मुक्त-प्रसंग, एक विशिष्ट मनःस्थिति एवं संरचनात्मक व्यवहार की कविता है। विश्व-स्तर पर मनुष्य की नियति को लेकर उभरे सर्व-नकार के गिंसबर्गीय विचार-दर्शन से अति साम्य रखने वाले विचारों को अपने विशृंखलित संश्लिष्ट रूपाकार में व्यक्त करने वाली यह लम्बी कविता हिन्दी साहित्य में अपना विशिष्ट स्थान रखती है। खासकर अकविताई मुहावरे को प्रभावित करने, दिशा देने के कारण अपनी अद्वितीयता सिद्ध करती है।

सन्दर्भ

1. 'मुक्ति-प्रसंग' के बाहर दिखाया ग्राफ।
2. लम्बी कविताओं का रचना विधान, डॉ. रमेश कुन्तल मेघ (सं. डॉ. नरेन्द्र मोहन, पृ. 128)।
3. समकालीन कविता की भूमिका : डॉ. विश्वंभरनाथ उपाध्याय, पृष्ठ 51-52
4. प्रसंग पाँच।
5. प्रसंग आठ।
6. वही।
7. वही (प्रंसग छह)।

परिदृश्य की विसंगति और विडम्बना*

'आत्महत्या के विरुद्ध' का आरम्भ इस उद्घोषणा से होता है :

"समय आ गया है जब तब कहता है संपादकीय
हर बार दस बरस पहले मैं कह चुका होता हूँ कि समय आ गया है"

इस उद्घोषणा के पश्चात् तुरन्त ही कवि ऐसे शब्दों-प्रतीकों की झड़ी लगा देता है, जो परिवेश की पहचान को, कविता के परिदृश्य को सामने ले आते हैं :

"एक गरीबी, ऊबी, पीली, रोशनी, बीवी,
रोशनी, धुंध, जाला, यमन, हरमुनियम अदृश्य
डब्बाबन्द शोर
गाती गला भींच आकाशवाणी
अन्त में टडंग"

यहाँ परिदृश्य की बाहरी पहचान जिसमें देश की आर्थिक दशा ऊबी हुई मनःस्थिति, रुग्ण अवस्था का पीलापन, परिवार-संस्था की इकाई—बीवी, समूचे परिवेश पर छायी एवं सब कुछ को अपने में ढके-धुंध, सदियों में उजाड़-सुनसान पड़े स्थानों में लगा जाला तथा अन्य अनेक अदृश्य देशी-विदेशी सन्दर्भों के अदृश्य ध्वनि-चित्र जो शोर में बदल चुके हैं, इनमें आकाशवाणी—जनता से सम्पर्क का सरकारी माध्यम—भी सम्मिलित हैं। इन शब्द-सन्दर्भों के सूत्र-रंग-अर्थ-क्षेत्र जिन वृहत्तर सामाजिक-देशीय स्थितियों-सन्दर्भों में ले चलते हैं, वे सब भारतीय व्यक्ति का जाना-पहचाना अपना परिवेश है। यहीं से कवि अपने कथ्य को उठाता है

* रघुवीर सहाय : आत्महत्या के विरुद्ध, पृष्ठ 23

और आगे के स्थानीय निकाय का परिचय देकर एक विशिष्ट पात्र मुसद्दीलाल से हमारा साक्षात्कार कराता है :

> *"नगर निगम ने त्यौहार जो मनाया तो जनसभा की*
> *मंथर मटकता मन्त्री मुसद्दीलाल महंत मंच पर चढ़ा*
> *छाती पर जनता की"*

जनता की छाती पर चढ़ा हुआ यह मुसद्दीलाल भ्रष्ट, काइयाँ और धूर्त ऐसा राजनीतिक दलाल व्यक्तित्व है, जो पूरी कविता में मौजूद है। वस्तुतः वह प्रतीक पात्र है। इस मुसद्दीलाल के कहने, सिफारिश करने पर अस्पताल के डॉक्टर मरीजों का उपचार किया करते हैं। देश के सभी काम इस मुसद्दीलाल के इशारे पर होते हैं। परमिट, कोटा, सुविधाएँ, धन, गोली-लाठी, मौत के उपहार भी वही बंटवाता है। उसकी खुशी ही सच्चा इलाज है।[1] यह मुसद्दीलाल-व्यक्तित्व देश के औसत राजनीतिक नेता का व्यक्तित्व है, जो प्रत्येक भारतीय उत्पादन, आचरण, मूल्य और सोच में व्याप्त है :

> *"दोनों, बाप मिस्तरी, और बीस बरस का नरेन*
> *दोनों पहले से जानते हैं पेंच की मरी हुई चूड़ियाँ*
> *नेहरू-युग के औज़ारों को मुसद्दीलाल की सबसे बड़ी देन"*

नैतिक-चारित्रिक पतन के इस परिवेश में भय-असुरक्षा का आयाम भी राजनीति के द्वारा अस्पतालों तक जुड़ा हुआ है। राजनीतिक हत्या के सरल-सुरक्षित माध्यमों में विकास की शृंखला में अस्पताल नया पड़ाव है :

> *"अस्पताल में मरीज़ छोड़कर आ नहीं सकता तीमारदार*
> *दूसरे दिन कौन बतायेगा कि वह कहाँ गया"*

ये भारतीय लोकतन्त्रात्मक देश के राजनीतिक चरित्र, मान और परिवेश का नक्शा और नागरिक की नियति का परिदृश्य है।

उक्त परिदृश्य में फँसे व्यक्ति के लिए कवि चिन्तित है, क्योंकि वह ही इस सब के प्रति सजग है। उसने यह सब देख-समझ लिया है, तभी तो वह बेचैन है। उसने उस औसत भारतीय नागरिक को भी देखा-पहचाना हुआ है। 'चिकनी पीठ' वाले इस पात्र की यही विडम्बना है, जो उसे इस बदतर हालात में डाले हुए है। इसके साथ ही यह विडम्बना गहराती है :

"साल दो साल गले बँधी घंटियाँ
पढ़ी-लिखी गरदनें बचाती हैं फिर उड़ जाता है विचार
हम रह जाते हैं अधेड़"

नियति और स्थिति के प्रति यह सोच और चिन्तन और गहरे उतरता है :

"कुछ होगा कुछ होगा अगर मैं बोलूँगा
न टूटे न टूटे तिलस्म सत्ता का मेरे अन्दर एक कायर टूटेगा टूट
मेरे मन टूट एक बार सही तरह
अच्छी तरह टूट मत झूठमूठ ऊब मत रूठ
मत डूब सिर्फ टूट......"

जीवन-स्थिति के प्रति वैचारिक रवैया, सोच और भविष्य-व्यवहार-कर्म के साथ जुड़ा हुआ है। व्यक्ति-समाज के जागरण के लिए वास्तविक टूटन वांछित है ताकि परिवर्तन की सही दिशा खुले, समझौता जो रूठने का पर्याय बन जाता है, वांछित नहीं, न कारगर :

"मरते मनुष्य के बारे में क्या करूँ क्या करूँ मरते मनुष्य का
कितनी घुटन के अन्दर घुटन के
अन्दर घुटन से कितनी सहज मुक्ति....."

मरते मनुष्य के बारे में सोच का गहराना कवि के मन में स्थिति और मूल्य के टकराव से उत्पन्न द्वैधता की खाई का गहराना है। इस द्वन्द्वात्मक स्थिति में कवि एक स्पष्ट और अयाचित स्थिति का साक्षात्कार करता है जो तनाव में फलती है। तह-दर-तह घुटन के न जाने कितने पर्दे हैं, जिन्हें चीरना लाज़मी है, मुक्ति के लिए। इस मुक्ति के लिए, घुटन का पेट फाड़ने के लिए एक भगदड़ मची है सब कहीं। जन-नेताओं और जनता में हलचल उठती है, बेचैनी व्याप्त होती है :

"कुछ करो
उसने कहा लोहिया से लोहिया ने कहा
कुछ करो
खुश हुआ वह चला गया अस्पताल में भीड़

भौचक भीड़ धांय-धांय
सौ हज़ार लाख दर्द आठ दस क्रोध
तीन चार बन्द बाजार भय भगदड़ गर्द
लाल
छाँह धूप छाँह, नहीं छोड़े बन्दूक
धुआँ खून खत्म चीख
पर हम जानते नहीं
हम क्या बनाते हैं
जब दफनाते हैं
एक हताश लड़के की लाश बार-बार
एक बे-बसी
थोड़ी-सी मिटती है
फिर करने लगती है भांय-भांय''

शब्दों के रख-रखाव और तेज बहाव में भगदड़ जैसी तेजी और मानव की चरम-स्थिति संरचना में मौजूद है। भीड़ में भागते, भगदड़ में फँसे व्यक्ति के मुँह से निकलते-से शब्द हैं, क्रियाएँ गायब :

'धुआँ खून खत्म चीख'
'भौचक भीड़ धांय-धांय'

से वैचारिक और स्नायुगत तनावी स्थिति संरचना में उभर आई है। परिदृश्य और उसके परिज्ञान के उपरान्त अनुचिन्तन के गहराते द्वन्द्व-तनाव के पड़ावों को पार करता कवि किन्हीं निर्णयों की ओर अग्रसर होता है। सत्ता द्वारा हिंसात्मक उपायों और जन-जुलूसों की आवाजों को छितराने—बार-बार एक बेबसी में घिरने की कार्यवाही किन्हीं निर्णयों की ओर धकेलती है।

और अन्त में इस सारी बाहर-भीतर की प्रक्रिया से निकला हुआ कवि एक निर्णय पर पहुँचता है। वह निर्णय विडम्बना, वीभत्स-सच्चाईयों में डूबा विसंगत व्यवहारों-कथनों-चरित्रों पर व्यंग्य का कोड़ा बरसाता हुआ सिद्ध करता है कि देश का औसत नागरिक दस साल पहले से दस साल बाद तक उसी पहली स्थिति में है—लुटता-पिटता। नंगी और क्रूर सच्चाई यही है कि 'साल दो साल गले बंधी घंटियाँ/पढ़ी-लिखी गरदनें बजाती हैं। फिर उड़ जाता है विचार/हम रह जाते हैं

अधेड़' यही है वह निर्णायक बिन्दु और निष्कर्ष, जहाँ कवि पहुँचा है, क्योंकि समय के आने की दुहाई और राहत के आश्वासनों के पीछे धूर्तता, जनविरोधी इरादे बार-बार यही दोहराते और अपनी स्थिति मजबूत बनाते हैं :

''समय आ गया है
इस बरस बाद फिर पदारूढ़ होते ही
नेताराम, पदमुक्त होते ही न्यायाधीश
कहता है। समय आ गया है...
मौका अच्छा देखकर प्रधानमन्त्री
पिटा हुआ दलपति अखबारों से
सुन्दर नौजवानों से कड़ता है गाता बजाता
हारा हुआ देश।''

कवि अन्त में तीन छोटी पंक्तियों और गिने-चुने चौदह शब्दों में सारी खीझ, विद्रूप, व्यंग्य और व्यथा उड़ेल देता है :

''समय जो गया है
मेरे तलुवे से छनकर पाताल में
वह जानता हूँ मैं।''

'समय आ गया है' कि चाल के विपरीत उक्त कथन, सच्चाई का इतना भयावना और गहरा पेट फाड़कर दिखा देता है कि भारतीय स्वतन्त्रता के गए दो दशकों में प्राप्त अनुभवों से अर्जित विचार अब उनके उक्त कथन की मक्कारी को टिकने नहीं देंगे। इस कथन में प्रकट विचार का रुख विद्रोह की ओर है। उक्त सारी स्थितियों की सापेक्षता में पले इस विचार द्वारा कवि उनका अस्वीकार ही नहीं, प्रतिकार चाहता है...यह तथ्य छुपा नहीं रहता। क्योंकि 'हर दिन मनुष्य के एक दर्जा नीचे रहने का दर्द' कब तक सहा जाता रहेगा, जबकि यह मालूम हो चुका हो कि समय आ नहीं गया...चला गया है, बहुत गहरे-पाताल में।

'आत्महत्या के विरुद्ध' में कवि ने अपने समय के व्यापक प्रसंगों को एक साथ गूँथने के लिए एक विशिष्ट मुहावरा ईज़ाद किया है—पंक्ति में उलझी हुई पंक्ति, कहीं पंक्तियों की पुनरावृत्ति द्वारा कथन पर बल और कहीं एक समूची बात के लिए मात्र एक शब्द की संक्षिप्तता का प्रयोग कर ऐसे कई शब्दों को आपस में जोड़ दिया है। कहीं-कहीं तो शब्दों के परम्परित अर्थों को उलट कर

नई अर्थ-क्षमताएँ जुटाई गई हैं, जो इस लम्बी कविता को सार्थक, प्रदीर्घता और कथन-समृद्धि प्रदान करती हैं।

सपाट भाषा-मुहावरे में तथ्यपूर्ण ढंग से यथार्थ-चित्रणों द्वारा कथ्य को गहराते जाने से एक बेलौस रूखापन भी यथार्थ को पुष्ट करने में सहायक बना है। अनुप्रास के सायास प्रयोग ध्यान अवश्य खींचते हैं, अन्यथा कला पक्ष में सचेत भाषा प्रयोग के अतिरिक्त, गहरा विचार-अनुशासन, स्थिति के प्रस्तुतीकरण में तटस्थ-निर्मम व्यवहार स्वयं एक मानक है :

1. 'मंथर मटकता मंत्री मुसद्दीलाल महंत मंच पर चढ़ा'
2. 'गोल शब्दकोश में अमोल बोल तुतलाते
   भीमकाय भाषाविद हाँफते डकारते हाँकते'
3. 'घंटा घनघनाते पुजारी,
   जयजयकार
   सरकार से करार...'

उक्त उद्धरणों में 'म', 'ल', 'घ', और 'र' के प्रयोग सायास हुए हैं। वैचारिक शुष्कता और ऊब को कम करने और स्थिति तथा पात्र के आन्तरिक भदेसपन का अहसास कराने में...ये प्रयोग कारगर भी हुए हैं, जिससे छुपी हुई अन्तर्निहित विसंगति उजागर हुई है। ध्वनियों से अर्थ-गर्भ-संकेत पैदा करने में रघुवीर सहाय माहिर हैं ही। 'मुसद्दी' में 'द्दी' की समान ध्वनि 'भद्दी' स समरूप रखती हुई अन्त में बार-बार प्रयुक्त होकर उसकी असली 'भद्दी' स्थिति को इतना पुष्ट कर देती है कि वह घृणा का स्थायी पात्र बन जाता है। इस प्रकार के नए आनुप्रासिक प्रयोग विचार-स्थिति को गम्भीरता में गहराते हैं।

भाषाधिकार में बिम्ब-प्रतीक आदि के किन्हीं भी अतिरिक्त प्रयत्नों की ओर ध्यान दिए बिना, लय की नई-ताजी संयोजना मिलती है। झटके के साथ पंक्ति टूटती है या एक के साथ लिपटी हुई दोहरी हुई जाती है :

"एक शब्द कहीं नहीं कि वह लड़का कौन था
क्या उसके बहनें थीं
क्या उसने रक्खे थे टीन के बक्से में अपने अजूबे
एक शब्द कहीं नहीं एक वह शब्द हो वह खोज
रहा था जब वह मारा गया।"

पंक्तियों को गूँथने और तोड़ने के निर्मम व्यवहार में कथ्य की निर्मम आहत

प्रकृति का अद्भुत मेल उसकी संवेदनीयता को द्विगुणित कर गया है और कवि के वैचारिक आशयों को सटीक एवं प्रभावशाली बना गया है। उक्त विश्लेषण के बाद हम 'आत्महत्या के विरुद्ध' को विशिष्ट लम्बी कविता मान सकते हैं।

व्यंग्य-बर्ताव में कवि चेतना पर चोट देने के लिए असंबद्ध शब्दों-सम्बन्धों को अप्रत्याशित रूप में रखता-सामने लाता है। अधिकांशतः चाक्षुष और श्रौत्र बिम्बों के प्रयोग द्वारा कवि विचार के सरोकारों को अधिक गहराता है। बिम्बों की ऐंद्रिय विकास-परम्परा की दृष्टि से ये बिम्ब अपेक्षाकृत अधिक परिपक्व एवं विकसित मानसिकता के परिचायक हैं :

"बसंती रंग जानते थे न पंसारी न मुसद्दीलाल"

"पीली रोशनी"

"गाती गला भींच आकाशवाणी
अन्त में टडंग"

मुसद्दीलाल को और पंसारी को यदि बसंती रंग की पहचान नहीं तो व्यंग्यार्थ में कवि इन दोनों की अविकसित मानसिकता—संवेदन-शून्यता पर प्रहार करता है। पीली रोशनी व्यापक रुग्ण परिवेश का प्रतीक-बिम्ब है तो 'टडंग' पुनः सितार का तार टूटने, बचकाने हाथ से वाद्य के तार को छेड़ने-झटका देने की ध्वनि है, जो पुनः कवि के समूचे संवेदनात्मक उद्देश्यों को युग-परिवेश की सापेक्षता को चरितार्थ कर रही है। अपने परिवेश के जीवंत-सूक्ष्म-संवेदनात्मक चित्रण के साथ विद्रोह-विचार को समूची कविता में चरितार्थ करने वाली यह सार्थक लम्बी कविता मानी जा सकती है, जो विचार के आधार पर विकसित हुई है।

एक अजीब–सी प्यारभरी गुर्राहट

'वटकथा' फैंटेसी के मिश्रण से राजनीतिक-सामाजिक यथार्थ को लेकर 'डब' की गई ऐसी चित्रकथा है, जो पर्दे पर उन चुने हुए दृश्यों को लाती है, जिन्हें एक मार्क्सवादी रुझान और लेखकीय ईमान के तर्क से सँजोया गया है और जिसका तर्क युगीन आधुनिकता की अपेक्षा युगीन मानवीयता है, जिसकी पहचान में भावुकता या अँधी रूमानियत की धुंध नहीं उड़ती, बल्कि सवर्गीय संवेदना ओर करुणा का प्रकाश है, जिसकी बुनियाद में ऐसे कवि की चिन्ता आकार लेती है, जो वर्गीय काहिली, पूँजीवादी दिमाग और सुविधापरस्ती के लिए स्वयं को, व्यक्ति को, हमशक्ल हिन्दुस्तान को या उस दलाल को जिम्मेदार ठहराता है जो अलग-अलग और सम्मिलित रूप में हत्यारी स्थितियों के कारण तत्व हैं :

"लोग...
घरों के भीतर नंगे हो गए हैं
विधवाएँ तमगा लूट रही हैं
सधवाएँ मंगल गा रही हैं
वन-महोत्सव से लौटी हुई कार्यप्रणालियाँ
अकाल का लंगर चला रही हैं
जगह-जगह तख्तियाँ लटक रही हैं...
'यह श्मशान है, यहाँ की तस्वीर लेना
सख्त मना है'।"

* संसद से सड़क तक, (धूमिल : राजकमल प्रकाशन, दिल्ली, 1972) पृष्ठ 113

"जनता क्या है?
एक शब्द...सिर्फ एक शब्द है :
कुहरा और कीचड़ और काँच से
बना हुआ... ।
एक भेड़ है
जो दूसरों की ठंड के लिए
अपनी पीठ पर
ऊन की फसल ढो रही है।"

उक्त उद्धरणों में भारतीय नागरिकों की स्वातन्त्र्योत्तर दशा, आकांक्षा, आशा, उद्योग और नियति का यथार्थ चित्र है, जिससे आन्तरिक जीवन और बाह्य जीवन का पूरा दृश्य उभरता है, नए मूल्यों और शोषण के क्रमों, मूढ़ता की वर्तनियों और घातक व्यवहारों को रेखांकित किया जा सकता है। नग्नता तक बढ़ी आर्थिक बेहाली, मृतकों के प्रति संवेदनशील उपेक्षा, परमवीरता दिखाने वालों की पत्नियों को प्रदान किए जाते तमगों की विडम्बना, असुरक्षित स्थितियों में सधवाओं के मंगल-गीत गाने के पीछे छिपी अनजानपने की कारुणिक विडम्बना और पूरे देश के श्मशान में बदल जाने के अभिप्रायार्थ स्पष्ट है। फिर भी विडम्बना यह है कि जनता मूढ़ बनी भेड़-सी दूसरों—शोषक-वर्गों के लिए अपना होना और करना सार्थक कर रही है। कुल मिलाकर जनता एक शब्द है जिसमें अजीब सम्मिश्रण में तीन तत्व मिले हुए हैं—कुहरा, कीचड़ और काँच। इन तीनों तत्वों से मिलकर बना अस्तित्व 'जनता' है।

देश की आजादी के मोहक स्वप्न के टूटने और मोहभंग के दो-दो झटकों—भारत-चीन युद्ध (भारत की करारी हार—बन्दूकों के कारखानों में जूते बनते रहने से युद्ध की आग में सारे धीरज के बह जाने से, देश के श्मशान बनने और जली-सड़ी हुई मिट्टी के ढेर में बदलने) तथा भारत-पाक युद्ध (के उपरान्त इतिहास की सबसे बड़ी ट्रेजडी—ताशकंद में समझौते की चादर के नीचे, एक शक्ति-यात्री की लाश थी)—के बाद देश, जनता और जनतंत्र की लोकतंत्री मूल्यता-सी विघटित स्थितियों, विश्वशान्ति और पंचशील के सूत्र का क्रूर, नंगा, हतप्रभता के बन्जर में फेंकने वाला यथार्थ परिदृश्य—'पटकथा' का विस्तृत दृश्य-फलक है। इसे उकेरने में कवि ने अनुभवों के स्मृत रूपों के साथ यथार्थ-कल्पना का आश्रय भी लिया है, जिससे ऐतिहासिक बोध के गहराने से विडम्बनात्मक कोण उभर आए हैं। अनुभूतमुक्त यथार्थ से परिज्ञानात्मक परिणति चरितार्थ हुई है।

उक्त स्थितियों-दशाओं के निरीक्षण से सक्रिय मानसिक व्यापार मुखर रूप से आरम्भ होता है। बाह्य स्थितियों के प्रति अनुभूत यथार्थ के प्रत्यक्ष ज्ञान और पहचान के प्रकाश में कवि-मन सक्रिय होता है :

"जहाँ बंजर मैदान
कंकालों की नुमाइश कर रहे थे
गोदाम अनाज से भरे पड़े थे और लोग
भूखों मर रहे थे
मैंने महसूस किया कि मैं वक्त के
एक शर्मनाक दौर से गुजर रहा हूँ।"

"मैंने देखा कि एक जनतान्त्रिक जंगल में
हर तरफ हत्याओं के नीचे से निकलते हैं
हरे-हरे हाथ और पेड़ों पर
पत्तों की जुबान बनकर लटक जाते हैं।"

"मैं खुद को कुरेद रहा था
अपने बहाने उन तमाम लोगों की असफलताओं को
सोच रहा था जो मेरे नज़दीक थे।
इस तरह साबुत और सीधे विचारों पर
जमी हुई काई और उगी हुई घास को
खरोंच रहा था, नोच रहा था
इस पूरे समाज की सीवन उधेड़ते हुए
मैंने आदमी के भीतर की मैल
देख ली थी।"

मानसिक रूप से सक्रिय होने पर कवि समय के शर्मनाक दौर को महसूस करने लगता है, जनतान्त्रिक जंगल में हत्याओं के नीचे से निकलते षड्यन्त्री हाथों को पत्तों की जुबान बनकर लटकते देख लेता है, और फिर स्वयं को कुरेदता है—अपने मन में बने-बनाए और दूसरों द्वारा दिये-दिलाए गए साबुत विचारों को खरोंचकर परखता है—(समय अन्तराल में जमी) काई और घास को नोचता है, नीचे के असली आधार को—सत्य के स्वरूप को जानने के लिए और इस विचार

प्रक्रिया में वह समाज-देश-काल में बने-बनाए सत्य की सीवन उधेड़कर नए सत्य को अर्जित करता है—भीतर जमी मैल को, खोट को देख लेता है।

यह समूची विचार-प्रक्रिया एक सत्य को अर्जित करने की संवेदनात्मक उत्सुकतापूर्ण, सक्रिय मानसिक परिणति है जो अनुचिन्तन का परिणाम है। कवि के जीवनानुभवों के आलोक में, संवेदनात्मक इतिहास के सक्रिय हस्तक्षेप से, निर्मित नई प्रत्यक्ष स्थिति है। इस स्थिति की समग्रता के पश्चात् एक वैचारिक उद्वेलन गहराने लगता है :

"कानून की भाषा बोलता हुआ
अपराधियों का एक संयुक्त परिवार है"

अपराधियों के इस परिवार के सदस्य हैं...वकील, वैज्ञानिक, अध्यापक, नेता, दार्शनिक, लेखक, कवि, कलाकार। इन्हीं के द्वारा प्रचारित समाजवाद इनकी सुरक्षा का आधुनिक मुहावरा है।

उक्त घातक हत्यारी स्थितियों के लगातार बने रहने के कारणों में जनता की अशिक्षा के साथ एक 'पूँजीवादी दिमाग' है, जो परिवर्तन तो चाहता है मगर 'आहिस्ता-आहिस्ता—कुछ इस तरह' कि 'कांख भी ढकी रहे और विरोध में उठे हाथ की मुट्ठी भी तनी रहे। यही वजह है कि 'बात फैसले की हद तक आते-आते' रुक जाती है। क्योंकि हर बार चन्द टुच्ची सुविधाओं की लालच के सामने अभियोग की भाषा झुक जाती है। दूसरी ओर :

"मैंने विवेक को
चापलूसों के तलवे चाटते हुए देखा..."

"भूख ने उन्हें जानवर कर दिया है
संशय ने उन्हें आग्रहों से भर दिया है"

"गिरगिट की तरह रंग बदलते हुए
गुट से गुट टकरा रहे हैं।"

सोच-विचार की स्थितियाँ उक्त धारणाओं के बल पर गहरे उतरती जाती हैं। कारणों की ओर बढ़ता, कार्यों को विश्लेषित करता कवि पाता है कि लोकतन्त्र के कारण-स्वरूप ही वर्गतन्त्र तीव्रता से पनपा है और इसी कारण राजनीतिक

कुहासा सर्वत्र फैला है। इसीलिए कवि लोकतन्त्र को कोसता है तथा प्रचलित राजनीतिक परिवेश में व्यवहारों और परिणामों को भोग रहे समाज एवं देश की दशा से विक्षुब्ध होता है। इन व्यवहारों-परिणामों को वैचारिक धरातल पर अन्वेषित करके कवि ने नई संवेदना-क्षमता अर्जित की है, जिसके तहत वस्तुओं, घटनाओं, दृश्यों को नई संज्ञाएँ और विश्लेषण दिए हैं। परिवेश की नई पहचान प्रस्तुत की है जो हमारी सोच के दायरे को, संवेदना को विकसित करती है :

1. *"मेरा सिर*
भन्ना रहा था
मेरा हृदय भारी था
मेरा शरीर इस बुरी तरह थका था कि मैं
अपनी तरफ घूरते हुए उसे चेहरे से
थोड़ी देर के लिए
बचना चाह रहा था
जो अपनी पैनी आँखों से
मेरी बेबसी और उथलापन
थाह रहा था"

2. *"हर तरफ, विरोधी विचारों की,*
दलदल है
सतहों पर हलचल है
नए-नए नारे हैं
भाषण में जोश है
पानी ही पानी है
पर
की
च
ड़
खामोश है।"

बाह्य-भीतर की खाई-से फूटे इस असामंजस्य से उत्पन्न तनाव—स्नायविक तनाव उभरा है, जिससे सिर का भन्ना जाना, हृदय का भारी होना, शरीर की

मानसिक बौद्धिक क्रिया-व्यापार की तीव्रता और अधिकता के फलस्वरूप थक जाना, और फिर अपराध-बोधजनित कातरता, बेबसी की स्थिति—वैचारिक तनाव में संक्रमित होती है। सतही हलचलों, नए नारों और भाषणों के जोश, और हर तरफ विरोधी विचारों की दलदल को देखकर कवि के भीतर वैचारिक द्वन्द्वात्मक तनाव चरम-स्थिति में पहुँच जाता है, जो शब्दों को तोड़कर अक्षरों को लम्बी स्थिति में पृथक्-पृथक् रखने की वर्तनी में प्रकट है।

यों तो स्थितियों के वैचारिक उठान से एक तनाव की स्थिति, आजादी की आरम्भिक खुशी की फुर्ती, स्फुरण और चहक के बाद, छठे पृष्ठ से ही उठ आती है :

"मगर एक दिन मैं स्तब्ध रह गया।
मेरा सारा धीरज—
युद्ध की आग से पिघलती हुई बर्फ में
बह गया।
मैंने देखा कि मैदानों
नदियों की जगह
मरे हुए साँपों की केंचुलें बिछी हैं..."

यह प्रथम सदमा था भारत-चीन युद्ध की विभीषिका का। नीतियों, आचारों, नैतिक-सामाजिक मूल्यों का अवमूल्यित घटाटोप यहीं से उभरने-फैलने लगता है और एक लगातार तनावी मनःस्थिति 'पटकथा' को विस्तार देती चलती है। रूपक की समग्रता अर्जित करती धारणाओं के 'पैचिज़' (Patches) लगाती हुई। यह समग्रता लगातार एक विशिष्ट प्रश्नमयी, जिज्ञासु, विक्षुब्ध मानसिकता के कारण अधिक बँधी-गठी हुई प्रतीत होती है। इससे एक वैचारिक तनाव बराबर बना रहता है। अन्त तक आते-आते कवि जिस निष्कर्ष को अर्जित करता है, जिस निर्णय पर पहुँचता है वह वैचारिक तनाव की पराकाष्ठा को सूचित करता है।

समूची कविता में कथ्य को उठाते हुए, परिवेश के साथ सोच के आधार पर बढ़ते, धारणाएँ बनाते हुए कवि एक सापेक्षिक निष्कर्ष दोह लेता है, एक निर्णय पर पहुँचता है :

"मेरे सामने वही चिरपरिचित अँधकार है
संशय की अनिश्चयग्रस्त ठंडी मुद्राएँ हैं
हर तरफ

शब्दवेधी सन्नाटा है।
दरिद्र की व्यथा की तरह
उचाट और कूंथता हुआ। घृणा में
डूबा हुआ सारा का सारा देश
पहले की ही तरह आज भी
मेरा कारागार है।"

उक्त निर्णायक बिन्दु पर कविता आकर रुक जाती है तो इसलिए कि यह उसका आन्तरिक चरम-बिन्दु है, तनाव की सीमा है। जहाँ सारे संशय, मलाल, नैतिक-भौतिक कुत्सा का रूप कारागार के बिम्ब रूपक को पूर्ण कर देता है, विचार की एक स्वाभाविक परिणति में, जहाँ कविता के आरम्भ में स्वतन्त्रता की खुशी का सम्बोधन था 'आजादी'/'नस-नस' में बिजली/दौड़ रही थी/उत्साह में' नए अंकुर फूट रहे थे, प्रकाश था, हवा थी, चिड़ियाँ चहचहा रही थीं और 'बधाई' बाँटी जा रही थी—वहीं अब अन्त में पच्चीस-वर्षों के बाद ('चौथे आम चुनाव' के बाद) गहरा परिताप, विक्षोभ, निराशा, सन्नाटा, अँधकार, ठंडापन, व्यथा, घृणा में सिमटा कारागार है, जिससे छुटकारा नहीं है। अन्त में चेतना तक बिंधी एक आहत हताशा घिर आती है। अँधकार में घिरी यह कारागारी हताशा ही भारतीय जीवन यथार्थ की लब्धि है।

'पटकथा' के रूपक की जड़ें जहाँ फैलती हैं, वहाँ अनुभव के विस्तृत विवरण अन्त में सशक्त विचार-निर्णय को खड़ा करते हैं। स्वतन्त्र हुआ देश पच्चीस वर्षों के बाद कैसे कारागार में बदल जाता है—इस हेतु को 'पटकथा' द्वारा अन्तश्चेतना के पर्दे पर दिखाने का यह आयोजन कारगर सिद्ध होता है।

'पटकथा' में दार्शनिक अर्थों में, समाज-जीवन के सुचिंतित आदर्श जीवन-सिद्धान्त का मुखर न्यास नहीं मिलता, जितना कि प्रतिपक्ष-शोषक-शासकवर्ग के गलत होने की सर्वपक्षीय आलोचना और स्वपक्ष-शोषित शासित-दलित-क्षुधित नग्न-त्रस्त के प्रति संवेदनात्मक सघनता एवं तत्परता। कवि-वक्ता यहाँ महत्तम आर्थिक परिणामों को राजनीतिक परिणतियों के अनेकविध प्रभावों के साथ जोड़कर अपने बौद्धिक, वैचारिक, विश्लेषणपरक औजारों से उधेड़ता हुआ अधिवक्ता (वकील) अधिक है। उसकी पक्षधर बहस, अमानवीय व्याप्तियों के विरुद्ध एकदम भड़क उठने और अनाप-शनाप बोलने वाली नहीं, अपितु वस्तुपरक होकर, तर्काश्रित, मानवीय सद्भावना में पलकर, आधुनिक मानववाद के करीब पड़ने वाली है।

कथ्य और अभिप्राय में संयोजन की दृष्टि से यदि 'पटकथा' को लें तो उसमें समय और परिवेश इतना क्रान्तिकारी तेवर वाला नहीं, जितना विद्रोही है। कवि यदि 'पटकथा' में ऐसे किसी आरोपित क्रान्तिकारी-आग्रह को मुखर—सीधे ढंग से व्यक्त नहीं कर पाया और तत्कालीन बौद्धिक वातावरण एवं सामाजिक तनाव की स्थिति-परिस्थिति को ही अभिव्यक्त कर पाया है तो यह कथ्य को युगीन प्रासंगिकता और प्रमाण प्रदान करता है। अतः अपेक्षित धारणाओं-विचारों के पीछे क्रान्ति की अनिवार्यता के संकेत भले ही मिल रहे हों, सीधे वक्तव्यता के स्तर पर वह उसे अध्यापित नहीं करता। यह विचारोपलब्धि की विशेषता है।

'पटकथा' में धूमिल स्थूल संवेदनाओं के कवि सिद्ध होते हैं। ऐसे स्थल बहुत कम हैं, जहाँ वे सूक्ष्म संवेदनाओं को छूते हों। अतः भूख, आर्थिक शोषण और सर्वमुखी बेहाली के वर्णनों में मानवीय बेबसी, निस्सहायता, अनेकायामी क्रूर मार को सहते लोगों की अवस्था का भयावह चित्र उपस्थित करके मानवीय संस्कारों को उद्‌बुद्ध करने का भरपूर उद्यम यहाँ हुआ है। इन्हीं सन्दर्भों में धूमिल की कविता को लेकर 'आत्म-विश्वास' और 'अछूते विषयों के चुनाव'। की चर्चा आलोचकों ने की है।

'पटकथा' में स्थान-थान पर धारणात्मक सूक्तियों के जुड़ाव2' से उसका सर्वनिर्दोष निर्वाह भी हुआ है, यह विश्वासपूर्वक नहीं कहा जा सकता, क्योंकि बावजूद चमत्कृत मुहावरे के कौशलपूर्ण होने के, सूक्तियों की पृथक्-पृथक् प्रकृति जो दरारें पैदा करती हैं, वे साफ दिख जाती हैं।

'पटकथा' में अनेक नए प्रतीकों की रचना हुई है तथा कुछ पुरातन, पारम्परिक प्रतीकों जैसे : 'जंगल', 'पशु' आदि में नए अर्थ भरे गए हैं। यहाँ ये प्रतीक स्थितियों को वैचारिकता से जोड़कर उन्हें मूत्त करने वाले सक्षम औजार सिद्ध करते हैं :

''मैंने देखा कि हर तरफ
मूढ़ता की हरी-हरी घास लहरा रही है
जिसे कुछ जंगली पशु
खूंद रहे हैं
लीद रहे हैं
चर रहे हैं।''

यहाँ जंगली पशुओं की व्यावहारिक स्वभावगत क्रियाओं द्वारा शोषक-शासक वर्ग, नेतृत्ववर्ग की नृशंसताओं, संवेदनहीनता और बे-झिझक आचरण के

बिम्ब-प्रतीकात्मक चित्रण हैं। जनता की मूढ़ता को कवि 'हरी घास' कहता है। यह इस प्रतीक की विचारगत असंगति है जो दूसरे पक्ष की 'पशुता' और 'घास' की नियतिवादी निरीहता को प्रकट करती है—जब से घास और पशु का सम्बन्ध है—शोषित-शोषक का नाता कायम है। 'पशुओं' द्वारा इस 'घास' को 'खूंदना', 'लीदना' और खाना 'चरना' चला आ रहा है। संकेतार्थ द्वारा कवि का अभीष्ट है कि इस घासीय सदाबहारपन के साथ निरीह प्रस्तुतभाव एवं चरे जाने वाली नियति से छुटकारा पाना जरूरी है।

'पटकथा' में भाषाई खूबी को, उसकी सहज संप्रेषणलयता की समाहिति से आई आत्मीयता को, देखा जा सकता है। मुक्तछन्द में तुकबन्दी का प्रयोग जो आलंकारिक प्रभाव और अनुकूलता उत्पन्न करता है, वह पाठक को कथनगत रुक्षता से उबारने में सहायक हुआ है।

इस भाषाई विशिष्टता को कवि के व्यंग्य ने भी कम चमत्कृत नहीं किया। परस्थ और आत्मव्यंग्य के द्वारा जो विचार उभरता है उसकी मारक शक्ति 'पटकथा' के अभिव्यंजनात्मक कौशल को अभिवृद्धि प्रदान करती है। व्यंग्य यहाँ कारगर हथियार बन सका है, जो निर्दिष्ट पर व्यंग्य की पैनी धार टिकाकर उसे चीरता और नंगा कर देता है। विचार और व्यंग्य का समवेत प्रयोग तो खंडशः मिलता है लेकिन अत्यन्त प्रभावी रूप में। सूक्तियों की रचना में वह अधिक मुखर है।

साथ ही विरुद्धों को अर्थधर्मिता की एक क्रिया द्वारा जोड़कर—स्फीति द्वारा पाठक को चमत्कृत करने का सायास प्रयत्न भी दृष्टिगत होता है :

"शब्द और स्वाद के बीच
अपनी भूख को जिन्दा रखना
जीभ और जाँघ के स्थानिक भूगोल की
"वाजिब मजबूरी है।"

"कोहरा और कीचड़ और काँच..."

"खेतों में भूख और शहरों में
अफ़वाहों के पुलिंदे फेंकते हैं।"

इनके अतिरिक्त विशेषण-विपर्यय का प्रयोग—'जनतान्त्रिक जंगल', 'हरे-भरे हाथ', 'जलता हुआ कुआँ', 'शापित निश्चय', 'अंधा शिकार', आदि भी 'पटकथा' में

भारी चुस्ती और अभिव्यंजना को निखार देने में सहयोग देता है। इससे धूमिल की लम्बी कविता–'पटकथा' अपना प्रभाव डालने में सफल, विशिष्ट लम्बी कविता बन गई है। 'पटकथा' को धूमिल के शब्दों में ही 'एक अजीब-सी प्यार-भरी गुर्राहट' कह सकते हैं। परम्परित कविता-धारणा और उसका सुखद काव्यमय रचाव यहाँ नहीं। रस की भावाकुल सघनता का अभाव है, जिस पर भाषा का भदेसपन भी भद्रजनोवाच-भद्रजनहिताय रूप में नहीं, बल्कि चुभता-गड़ता-सालता हुआ बर्ताव है। इसकी कथ्य-सम्भवा तुक और अतुक (विषम) की पेंचदाई लम्बाई 'पटकथा' को 'अजीब-सी' ही बनाती है। 'प्यार-भरी' लताड़, व्यंग्य की तेज मार, सजातीय-सवर्गीय गहरी चिन्ता में भीगा स्वर अपनेपन की साधिकार झिड़कियाँ भी हैं तथा ध्वनिविसंगों, विशेषण-विपर्यय, स्थितियों के विपर्ययस्थ उठाव, वक्रोक्तिजन्य चमत्कार इसे गुर्राहट में बदल देते हैं–अपनी आन्तरिक बनावट में भी, और अपनी उद्देश्यपरकता में भी। वर्गीय संकट में घिरी, प्रतिपक्ष के लिए यह एक ऐसी साभिप्राय गुर्राहट है, जिसकी बुनियाद में ज्ञानात्मक संवेदना, विचारात्मक क्रियाशीलता एवं युगीन मानववादी तर्क का सुपुष्ट आधार है। अतः 'पटकथा' में अन्तःअनुभूत विचार उसके संवेदनात्मक उद्देश्यों में पूर्णतः प्रतिफलित होकर युगीन बोध और कर्म के नए सौन्दर्यरूप रचने में सार्थक भूमिका निभा रहा है।

सन्दर्भ

1. अशोक वाजपेयी, 'संसद से सड़क तक' के प्रथम फ्लेप पर।
2. काशीनाथ सिंह : 'आलोचना' (सं. डॉ. नामवरसिंह, जून 1975), पृष्ठ 15।

यातना का आधुनिक आख्यान

हिन्दी के बुजुर्ग कवि नागार्जुन अपने क्रान्तिकारी, 'डायनैमिक' एवं सतत समाज चेतना के कारण युवाओं तक में प्रिय रहे हैं। हर नए के साथ हो लेने और पूर्व को झटक देने की प्रीतिकर साहसिकता उनमें है, जो उन्हें इतनी दीर्घ काव्यवय प्रदान कर सकी है। 'हरिजन गाथा' में उन्होंने भारतीय परिवेश में घटित होने वाले हरिजनों के सामूहिक हत्याकांड को विषय बनाया है। 1980-81 के भारत में हरिजनों को सामूहिक रूप में जिन्दा जला देने के 'पैशाचिक नरमेध' के पीछे 'बड़े-बड़े भूमिधरों' के हाथ के समाचारों से विह्वल होकर उन्होंने हरिजन गाथा की रचना की है। उनकी विह्वलता पूरी कविता पर अन्त तक छायी रहती है।

दस पृष्ठीय इस कविता को तीन खंडों में विभाजित किया गया है। पहले खंड में 'ऐसा तो कभी नहीं हुआ था' कि पंक्ति से कविता प्रारम्भ होती है जो बाद में टेक की तरह दोहरायी गई है। हरिजन गाथा में कवि की चिन्ता और विह्वलता का दबाव लगातार बना रहता है, जिसके उद्रेक में संवेदना और स्थिति के साथ मार्क्सवादी, वर्गीय विचार गुँथा हुआ है। स्थिति के परिज्ञान को गहराने वाले विवरणों तक में कारुणिक सन्दर्भ गुँथे हुए हैं :

''ऐसा तो कभी नहीं हुआ था कि
हरिजन माताएँ अपने भ्रूणों के जनकों को
खो चुकी हों एक पैशाचिक दुष्कांड में

एक नहीं, दो नहीं, तीन नहीं
तेरह के तेरह अभागे
अकिंचन मनुपुत्र
जिन्दा झोंक दिए गए हों

प्रचंड अग्नि की विकराल लपटों में
साधन सम्पन्न ऊँची जातियों वाले सौ-सौ मनुपुत्रों द्वारा।
ऐसा तो कभी नहीं हुआ था''

ऐसा अपूर्व कृत्य था यह कि घटना-स्थल से दस कोस दूरी पर मौजूद थाने के दारोगाजी तक बार-बार खबरें पहुँचा दी गई हों सम्भावित दुर्घटनाओं की, मगर बचाव में कोई कार्रवाई न की गई हो। इतना ही नहीं, निरन्तर कई दिनों तक किरासिन के कनस्तर, मोटे-मोटे लक्कड़, उपलों के ढेर, सूखी घास-फूस के पूले जुटाए गये हों और एक विराट चिताकुंड के लिए हँस-हँसकर गड्ढा खोदा गया हो। ऊँची जातियों वाली समूची आबादी के सौ-सौ मनुपुत्रों द्वारा अकिंचन हरिजन इस तरह जिन्दा आग में झोंक दिए गए हों। ऐसा तो कभी नहीं हुआ था। इस दुःसाहसिक अमानवीय षड्यन्त्र की ऐतिहासिक अपूर्वता को गुँजाने के लिए—'ऐसा तो कभी नहीं हुआ था' की पुनरावृत्ति हुई है। इससे स्वतन्त्रता-परवर्ती वर्षों में 'स्वतन्त्रता' की विडम्बना को उद्‌घाटित किया गया है। ऐसा 'पैशाचिक दुष्कांड' सुनियोजित रूप में जिस निर्मम ठंडेपन और क्रूरता को समक्ष लाता है, उसके साथ भारतीय पुलिस-व्यवस्था द्वारा लिया गया नागरिक सुरक्षा का संकल्प भी नंगा हो जाता है।

कविता का दूसरा खंड प्रश्नाकुल स्थितियों से आरम्भ होता है। दो वयस्क बुजुर्ग एक नवजात को लेकर परेशान हैं। यह बालक भूमिहीन बन्धुआ मजदूरों के घर में पैदा हुआ तो एक ही बिरादरी के दोनों बुजुर्ग हरिजन 'फिक्र की तलैया में खाने लगे गोते।' सोचने लगे बार-बार उस बालक के भाग्य-भविष्य के बारे में कि :

'मग्गह का यह बदनाम इलाका
जाने कैसा सलूक करेगा इस बालक से...'

यह बालक क्या :

'जीवन गुजारेगा हैवान की तरह
भटकेगा जहाँ तहाँ वनमानुस जैसा
अधपेटा रहेगा अधनंगा डोलेगा
तोतला होगा कि साफ-साफ बोलेगा
जाने क्या करेगा
बहादुर होगा कि बेमौत मरेगा'

चिन्ताकुल प्रश्नों के पीछे भारतीय परिवेश में घटित एवं सम्भावित घटनाक्रम के माध्यम से कवि ने जनपक्षीय धारणाओं को व्यक्त किया है, जो अनुभव की भूमि पर साझेदारी में पली हैं, इसलिए प्रामाणिक भी हैं। किसी निश्चित विचारधारा के तहत बनी-बनाई धारणाएँ न होकर, अनुभूत धारणाएँ हैं ये, इस कारण अपनी संवेदनाओं से हमें छूती हैं :

'वह पैशाचिक नरमेध
पैदा कर गया है दहशत जन-जन के मन में...'

इस व्यापक दहशत की ज़द में जन-जन का आ जाना, अपनी विश्वसनीयता से हमें आश्वस्त करते हुए सामाजिक न्याय, समता एवं स्वतन्त्रता जैसे बड़े प्रश्नों की धज्जियाँ उड़ा देता है।

यहीं एक यथार्थ चित्रण कविता को आगे बढ़ाता है। दोनों बुजुर्ग बच्चे की हथेलियों के निशान, लम्बे कान; छोटी आँखें जिनसे तेज रोशनी फूट रही है- देखकर बच्चे के अवतारी व्यक्तित्व की परिकल्पना करते हैं और रैदासी कुटिया के अधेड़ सन्त गरीबदास को चमरटोली में बुला लाते हैं। सन्त गरीबदास का व्यक्तित्व भी जिन कुछ रेखाओं में उभारा गया है, इससे भारतीय जनमानस में गहरे में सक्रिय भाग्यवादी विश्वासों के माध्यम से यथार्थ की विडम्बना व्यक्त हुई है। 'चमरटोली के निवासियों में इस प्रकार के विश्वासों को अंधता की सीमा तक व्याप्त होना ही शायद उनकी सबसे बड़ी विडम्बना भी है।

भाग्यवादी, अवतारवादी विश्वासों के अनुसार ही सन्त गरीबदास बालक को देखकर कुछ भविष्यवाणियाँ करते हैं :

'अरे भगाओ इस बालक को
होगा यह भारी उत्पाती
जुलुम मिटायेंगे धरती से
इसके साथी और संघाती

यह उन सब का लीडर होगा
नाम छपेगा अखबारों में
बड़े-बड़े मिलने आयेंगे
लद-लदकर मोटर-कारों में'

और कि यह बालक खान खोदने वाले सौ-सौ मज़दूरों के बीच पलेगा। युग की फौलादी आँचों-सा यह वहीं ढलेगा। इसे झरिया-फरिया भेज दो। माँ भी शिशु के साथ रहेगी, जहाँ उसे अपना असली नाम-पता कुछ न कहेगी। बड़े-बड़े भूमिधरों को यदि इसका कुछ पता चला गया तो समझो दीन-हीन छोटे लोगों को दुर्भाग्य छल गया।

यह बालक धनबल-जनबल तथा हथियार जुटाएगा, इसे अपने लिए कभी हर्ष या गमी नहीं होगी। सबके दुःख में दुःखी एवं सबके सुख में सुखी होगा। समझ-बूझकर ही समता का असली मुद्दा पहचानेगा। इससे हत्यारे थर-थर काँपेंगे :

'श्याम सलोना यह अधूत शिशु
हम सबका उद्धार करेगा
अजी यह सम्पूर्ण क्रान्ति का
बेड़ा सचमुच पार करेगा
हिंसा और अहिंसा दोनों
बहनें इसको प्यार करेंगी
इसके आगे आपस में वे
कभी नहीं तकरार करेंगी'

सन्त बाबा की भविष्य-परिकल्पना यहीं समाप्त नहीं होती। वह भविष्य-कल्पना में खो जाते हैं। उसके सामने एक स्वप्न आकार लेता है। स्वप्न का आधार बच्चे की हथेली पर बनी आड़ी-तिरछी रेखएं थीं, जो बाबा को खुखरी, बम, असि, गंडासा, भाला के निशानों से लगती हैं। भविष्य-परिकल्पना-रत बाबा का मन कहता है कि दलित माँओं के सब बच्चे अब बागी होंगा। वे अग्नि-पुत्र अन्तिम-विप्लव में सहभागी होंगे। यह बच्चा सचमुच अवतारी वराह है। यह निम्नवर्ग का नायक होगा, नई ऋचाओं का निर्माता एवं नए वेदों का गायक होगा। कर्म वचन का पक्का होगा वह। बाबा की आँखें गीली हो गईं और उन्होंने उस दस दिन के 'अभिनव लघु मानव' के मृदु पग थाम लिए। बिजली की फुर्ती से बाबा वहाँ से उठे और बाहर निकल गए।

'वह था मानो पीछे-पीछे
आगे थी भास्कर शिशु छाया'

एक स्वप्न, जो मनःपटल पर बाबा ने देखा था, उनके पीछे-पीछे वह वहाँ से चला

गया। उन्होंने उन दोनों बूढ़ों को भी और यों पूरी जाति को एक नया स्वप्न दे दिया। इस स्वप्न को गढ़ने में कवि ने अवतारवाद के मिथक का कल्पनात्मक प्रयोग किया है। श्यामवर्ण कृष्ण के अवतार लेने, प्रभामंडल से मंडित होने, चरवाहों के मध्य नृशंसताओं का प्रतिकार करने, शासक संस्कृति के ऊपर चरवाहा संस्कृति की विजय होने आदि के समान ही यहाँ कवि ने इस बालक के अवतारी होने की परिकल्पना खड़ी की है।

तीसरे खंड में खदेरन और बुद्धू—दोनों गुरु महाराज के निदेशानुसार बच्चे को उसकी माँ के साथ झरिया, गिरिडीह, बोकारो आदि में से किसी एक स्थान पर छोड़ आने की तैयारी करने लगे, जहाँ उनकी बिरादरी के सौ-पचास कुली मजूर होंगे। बच्चे की माँ सुखिया भी जहाँ चार-छह महीनों के बाद कोई काम पकड़ लेगी। बुद्धू यह सब सोचता हुआ अपने छप्पर की तरफ बढ़ गया, किन्तु :

'नाचते रहे लेकिन माथे के अन्दर
गुरु महाराज के मुँह से निकले हुए
हथियारों के नाम और आकार प्रकार
खुखरी, भाला, गंडासा, बम, तलवार
तलवार, बम, गंडासा, भाला
खुखरी।'

कवि ने ज्वलंत मानवीय समस्या को उसके पूरे परिप्रेक्ष्य के साथ नहीं उठाया है। यह उसके लिए अनिवार्य नहीं था, न इष्ट था। घटना के विस्तृत ब्यौरे देकर मानवीय संवेदनाओं को गहराने और उसके मार्क्सवादी समाधान तक कविता फैली हुई है। मध्य में भविष्यवाद और अवतारवाद के मिथकीय व्यवहार से उत्पन्न स्वप्न को खड़ा किया गया है। एक आदर्श-स्वप्न खड़ा करना भी रचनात्मक प्रयत्नों का इष्ट हो सकता है, किन्तु मार्क्सवादी विचारदर्शन के तहत क्या भाग्यवादी धारणा का स्वीकार सम्भव है? हिंसा-अहिंसा दोनों बहनें इस बच्चे को प्यार करेंगी—यह कथन मार्क्सवादी—दो जीवन-दृष्टियों के समन्वय की ओर इंगित नहीं है क्या? और फिर 'सम्पूर्ण क्रान्ति' की धारणा जयप्रकाश नारायण के आन्दोलन के आदर्श-विचार को मूर्त नहीं करती? वैचारिक धरातल पर इन प्रश्नों को मिलाकर देखें तो मार्क्सवादी हिंसा-विचार, गाँधीवाद अहिंसा-विचार तथा जयप्रकाश का समाजवादी सम्पूर्ण क्रान्ति-विचार मिलकर भावी उद्धार का एक समन्वित विचार इस लम्बी कविता का प्रेक्ष्य-आधार है।

दलित, शोषित, हरिजन-चमार-मजदूर जीवन-बर्ताव को लेकर कविता में उठी वर्गीय वेदना और पहचान को भाषाई स्तर पर भी चरितार्थ करने में नागार्जुन ने अपना कमाल दिखाया है। यहाँ रूखे-सपाट वर्णन-कथन भी हैं :

'कैसे तो अनोखे हैं अभागे के हाथ पैर
रामजी ही करेंगे इसकी खैर
हम कैसे जानेंगे, हम तो ठहरे हैवान
देखो तो कैसा मुलुर-मुलुर देख रहा शैतान!'

तो कहीं-कहीं सूक्ष्म संवेदनाएँ उभारती हुई बिम्बात्मक पंक्तियाँ भी :

'फिर तो बाबा की आँखें
बार-बार गीली हो आईं
सलेटी हृदय गगन में
जाने कैसी सुधियाँ छायीं'

अधिकांशतः विषय-कथ्य के अनुरूप यथार्थ को रूपाकार देने वाली खुरदरी सपाट-भाषा का इस्तेमाल हुआ है। 'ऐसा तो कभी नहीं हुआ था' के अहसास के आरम्भ हुई इस कविता का अन्त हथियारों के नाम और आकार-प्रकार की पहचान से हुआ है। वर्ग-संघर्ष और हिंसक-निर्णायक संघर्ष की भावी सम्भावनाओं को उकसाती हुई यह कविता हरिजनों पर हुई हिंसा की ही नहीं, इस हिंसा के प्रतिकार के विचार की कविता है। वर्गीय हिंसा का प्रतिकार भी वर्गीय हिंसा ही है—इस विचार की स्थापना यहाँ हुई है। स्थापना के स्तर पर स्वप्नात्मक कल्पनात्मक व्यवहार का सहारा लिया गया है। समस्या को, उसके समूचे परिप्रेक्ष्य एवं संश्लिष्ट रूप में, नहीं उठाया-उभारा गया, बल्कि भावी कल्पना की सरलता में समाधान ढूंढकर निर्णय दोह लेने की आसानी का, यह कविता शिकार हुई है। विचारधारात्मक परिप्रेक्ष्यों के तहत किन्हीं समाधानों एवं निर्णय-कथनों की परिपाटी जहाँ अनिवार्य है, वहां कविता के लिए इस असमंजस में पड़ जाना कोई नई बात नहीं, वरना संवेदनात्मक उद्देश्यों की चरितार्थता में रचनाकर्म को अर्जित कर सन्तोष पा लेना कवि-कर्म से लिए अपर्याप्त नहीं होना चाहिए। कविता का निर्णय दोहा हुआ नहीं, पहले से पहुचा-माना हुआ होने से संवेदनात्मक उद्देश्य लड़खड़ा गए हैं और रचना अपनी स्वाभाविक विकास-प्रत्रिया को उपलब्ध नहीं कर सकी।

❑❑❑